Claudia Brandau
Maria Eichler

WIR
vom Jahrgang
1999

Kindheit und Jugend

Wartberg Verlag

Impressum

Bildnachweis:

Brandau: Cover o., S. 16 u., 17 u., 32, 33 o./u., 45, 51, 54, 60 u.; Trieschmann: Cover M. r., S. 4, 11 o., 12 u.r., 13, 14 u., 17 o., 19, 20 o./u., 26, 29, 34, 38, 40 u., 47, 48, 52 o./u., 53, 55, 57 o., 61, 63; Hofmann: Cover M.l./u., S. 5, 6 o./u., 9, 12 u.l., 14 o., 18, 21, 23, 24, 25 o., 27 u., 28 l., 37, 39, 40 o., 43 o./u., 44 u., 49, 56 l./r.; Eichler: S. 7, 8 u., 10, 15, 22 ,57 u., 58, 59, 60 o.; Rößler: S. 8 o., 62; Traue: S. 11 u., 12 o.; Koch: S. 25 u.; Hofmeier: S. 27 o., 28 r.; Andreas Zöllick / pixelio.de: S. 30, 31; picture alliance/dpa Themendienst/Kai Remmers: S. 36; picture alliance/© dpa /Jens Kalaene: S. 42; picture alliance /Mary Evans Picture Library: S. 44 o.

Wir danken allen Lizenzträgern für die freundliche Abdruckgenehmigung. In Fällen, in denen es nicht gelang, Rechtsinhaber an Abbildungen zu ermitteln, bleiben Honoraransprüche gewahrt.

2. Auflage 2017
Alle Rechte vorbehalten, auch die des auszugsweisen Nachdrucks und der fotomechanischen Wiedergabe.
Gestaltung und Satz: r2 I Ravenstein, Verden
Druck: Druck- und Verlagshaus Thiele & Schwarz GmbH, Kassel
Buchbinderische Verarbeitung: Buchbinderei S. R. Büge, Celle
© Wartberg-Verlag GmbH
34281 Gudensberg-Gleichen • Im Wiesental 1
Telefon: 056 03/9 30 50 • www.wartberg-verlag.de
ISBN: 978-3-8313-3099-7

Vorwort

Liebe 99er!

Es gibt kaum einen spannenderen Jahrgang als unseren: Wir wurden sozusagen in der letzten Sekunde des alten Jahrtausends geboren. Damit gehören wir gerade eben noch zu jenen, deren Geburtsjahr mit einer 19 beginnt. Unser Geburtsjahr ist wirklich ein ganz Besonderes, es hatte von Anfang bis Ende viel Spannendes zu bieten. Der Euro machte bereits als neue kommende Währung von sich reden, genau wie das bevorstehende Jahr 2000. Unser allererstes Silvester war schließlich der wichtigste Jahreswechsel aller Zeiten.

Aufregend war aber auch unsere Kindheit. Wir wuchsen mit Harry Potter, den Wilden Hühnern und den Wilden Kerlen auf – all diese fantastischen Figuren sorgten dafür, dass wir von Kindesbeinen an Spaß an Büchern und Abenteuern hatten.

Die Geschichte unserer Kindheit und Jugend ist geprägt von der Fantasie, dem Übergang ins neue Jahrtausend und vor allem von ständigem Wechsel und Wandel. Wir sind diejenigen, für die permanente Veränderungen und Neuerungen völlig normal sind. Schließlich sind wir mit Euro, Handy, Internet und ständiger Erreichbarkeit aufgewachsen – und damit zu echten Kommunikationsprofis geworden. Wir haben eben früh gelernt, Kontakte zu knüpfen und Freundschaften in aller Welt zu pflegen. Sowohl in der analogen als auch in der digitalen Welt.

Das Jahr 1999 steht für einen super Start in ein spannendes Leben voller großartiger Chancen und ungezählter Möglichkeiten. Ich wünsche uns allen, dass wir ganz viele davon ergreifen können!

Maria Eichler

Maria Eichler

Der Start in eine aufregende Welt

Unglaublich, waren wir klein!

Für unsere Eltern sind wir die Stars

Wir waren vom ersten Moment auf dieser Erde vor allem eines: willkommen. Denn wir hatten das Glück, in einer Zeit und in einem Land zur Welt zu kommen, in dem die Menschen nicht nur sicher, sondern sogar auch relativ sorglos waren. Kaum ein 1999er, der als neues Familienmitglied nicht heiß erwünscht war! Unsere Eltern hatten unsere Geburt meistens nicht nur geplant, sondern geradezu herbeigesehnt. Sie nutzten die Schwangerschaft, um sich für eine Klinik oder ein Geburtshaus zu entscheiden. Hausgeburten, noch wenige Jahrzehnte zuvor beliebt und beinahe selbstverständlich, waren Ende der 90er-Jahre eher selten geworden, die meisten Mütter zogen die Sicherheit einer Klinik oder eines Geburtshauses vor.

Ende des vorigen Jahrhunderts ging die Zahl der Neugeborenen in Deutschland immer weiter zurück. Zwar wurde Nachwuchs im Jahr 1999 nicht gerade

Chronik

Pflegeleicht: Wir waren schon zufrieden,
wenn wir einfach nur dabei waren.

selten, aber doch deutlich weniger. Wir
waren eines der 770 744 Babys, die in
unserem Jahrgang geboren wurden.
Und diese Zahl sank beständig.

All diese Kinder, die 1999 außer uns
zur Welt kamen, brauchten schöne
Namen. Unsere Eltern wählten gut: Sie
verpassten uns Namen, die im besten
Falle nicht Soraya-Kimberly, Amy-Destiny
oder Jason-Geronimo lauteten, sondern
etwas bodenständiger klangen.

Unsere Eltern hatten noch wenig Drang, uns Namen aus amerikanischen Fernsehserien zu geben. Damals lagen die Klassiker ganz weit vorne. Die Eltern unserer Jahrgangskolleginnen schienen auf den Buchstaben L zu stehen: Sie nannten ihre Töchter 1999 gerne Lea, Laura, Lisa, Lena oder Lara. Beliebt waren in diesem Jahr aber auch die Vornamen Anna, Hanna, Julia und Marie.

Auf Platz 1 der Hitliste stand 1999 wie schon in den Vorjahren Sarah, wobei das h mal in der Mitte, mal am Ende, mal gar nicht vorkommt.

Bei den Jungs wurde das Spektrum der L-Namen – wie Lukas, Leon, Luca und Lennart – durch J- und F-Namen erweitert: zu Jan, Jonas, Jannik und Jakob gesellten sich Fin, Felix und Florian, aber auch Tim und Tom.

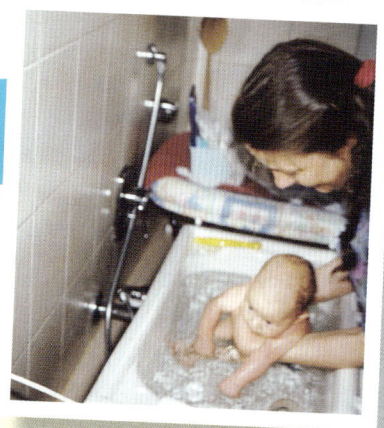

Da reichte das Waschbecken als Badewanne.

So winzig

Überhaupt nutzten unsere Eltern die Wochen und Monate bis zu unserer Geburt, um alles zu besorgen, was wir bei unserer Ankunft auf der Welt brauchten. Kinderzimmer wurden gestrichen, eingerichtet, mit Mobiles, Traumfängern und Spieluhren versehen und die Erstausstattung von aus heutiger Sicht geradezu absurd kleinen Kleidungsstücken angeschafft. Kaum zu glauben, dass wir mal in diese Zwergenausrüstung gepasst haben sollen! Kaum möglich, dass wir wirklich einmal dieser glatzköpfige, großäugige und sprachlose Mini-Mensch gewesen sein sollen, der uns aus unserem ersten Fotoalbum entgegenblickt! Aber wenn wir ganz genau auf diese allerersten und noch analogen Bilder schauen, erahnen wir doch bereits in diesen Babygesichtern erste Züge von uns selbst. Ganz ehrlich: Irgendwie sah man doch auch damals schon ein klitzekleines bisschen wie man selbst aus.

Und wir passten mal in winzige Gefäße.

Aus heutiger Sicht vielleicht nicht mehr ganz so schön wie damals: Die Kinderwagen, in denen wir umhergefahren wurden, waren bunt gemustert.

Unsere Ausrüstung braucht Platz

Zu den Dingen, die eigens wegen uns angeschafft wurden, gehörte auch die Familienkutsche. Unsere Ankunft bedeutete für unsere Eltern das Ende der Zeiten, in denen sie Klein- oder Sportwagen fahren wollten oder besser – konnten. Wir – und unser Kindersitz, unser Kinderwagen, unsere Windeln, Spielsachen, Schnuller, Fläschchen und überhaupt unser gesamtes Gepäck, das immer zu uns gehörte – brauchten ja auch Platz. Also tauschten unsere Eltern ihr bis dahin sehr schickes oder sehr kleines Auto gegen ein familienfreundliches Gefährt ein.

In jenen Jahren wurden Autos modern, die man noch kurze Zeit zuvor glatt in der Kategorie „typisches Handwerkerfahrzeug" verortet hätte, bestes Beispiel der Renault Kangoo oder der Citroën Berlingo. Immer mehr kastenartige Modelle und Vans befuhren die Straßen. Immer mehr Automobilhersteller setzten auf die praktischen Großraumlimousinen, mit denen man den Nachwuchs prima in den Kindergarten kutschieren, aber auch mit fast dem kompletten Hausrat in den Urlaub fahren konnte. Die praktischen Hochdachkombis machten zwar nichts her in Sachen Lifestyle, punkteten aber beim Thema Alltagstauglichkeit. Und so wurden wir unter Aufbietung aller sichersten Sicherheitsmaßnahmen im Kindersitz durch die Gegend kutschiert. Das Gefährt, mit dem wir bei Spaziergängen durch die

1. bis 3. Lebensjahr

Gegend gekarrt wurden, lag hinten drin. Die Kinderwagen hatten Ende der 90er, in denen alles ein bisschen bunter sein durfte, ein eher spezielles Aussehen: Die Zeiten, in denen die Gefährte hochbeinig und wackelig waren, waren zwar schon lange vorbei. Die Zeiten aber, in denen Kinder in bundeswehrfarbenen und geländegängigen Chaisen umhergekarrt wurden, waren noch nicht angebrochen.

So mancher Jahrgangskollege aus 1999 wurde in seinen ersten Monaten aber auch nur in seltsam anmutenden Tragekonstruktionen durch die Gegend geschleppt. Denn längst nicht alle Kinder fanden es in ihren ersten Lebensmonaten wirklich lustig, die Welt nur aus der Rückenlage heraus zu sehen und immer brav gegen den Himmel des Kinderwagens zu starren. Umso schöner war's, wenn uns Mama oder Papa bei Ausflügen oder am liebsten überhaupt immer als zusammengeschnürtes Bündel am eigenen Leib umhertrugen. Dass sie von Monat zu Monat immer schwerer an uns schleppten, war uns egal. Im Tragetuch waren wir warm und sicher – und auch noch mit der Welt auf Augenhöhe. Und so manche Mutter war froh, den sperrigen Kinderwagen nicht mehr im Parkhaus aus kleinen Autos zerren zu müssen, die sie zuvor auf noch kleinere Parkplätze gequetscht hatte.

Berühmte 99er

9. März   **Lil Bow Wow,**
           amerikanischer Rapper.
20. Feb.   **Lea van Acken,**
           deutsche Schauspielerin.
           Sie spielte die Titelrolle im
           Kinofilm „Das Tagebuch der
           Anne Frank" (2016), außerdem
           ist sie in der fünften Staffel der
           US-Serie „Homeland" zu sehen.
22. März   **Mick Schumacher,**
           deutscher Automobilrennfahrer.
           Der Sohn des siebenmaligen
           Formel-1-Weltmeisters Michael
           Schumacher startete 2015 in
           der deutschen Formel-4-
           Meisterschaft.
13. Mai   **Heiko & Roman Lochmann,**
           deutsches Musik- und Comedy-
           duo. Unter dem Namen „die
           Lochis" parodieren die beliebten
           Youtuber Songs und „klären auf".

27. Juni   **Chandler Riggs,**
           amerikanischer Schauspieler.
           Er wurde in der Rolle von Carl
           Grimes in der US-Serie „The
           Walking Dead" bekannt.
15. Sep.   **Tamino Wecker,**
           deutscher Schauspieler,
           Sohn des Münchner Lieder-
           machers Konstantin Wecker.
1. Okt.   **Nell Tiger Free,**
           britische Schauspielerin,
           bekannt als Prinzessin Myrcella
           Baratheon in der US-Serie
           „Game of Thrones".
10. Nov.   **Kiernan Shipka,**
           amerikanische Schauspielerin.
           Sie spielte die Sally Draper in
           der US-Serie „Mad Men".
1999   **Paul Maximilian Schüller,**
           deutscher Schauspieler.
           Wirkte als Sechsjähriger in
           „Das Leben der Anderen" und
           2007 im Kinohit „Keinohrhasen"
           von und mit Til Schweiger mit.

Biobrei und Bällchenbad

Wenn es auch in der Welt draußen nicht immer fadengerade lief, wollten unsere Eltern in der Familie und vor allem mit uns alles richtig machen. Sie zerbrachen sich den Kopf über die bestmögliche Art, uns so natürlich, gut und

Gesund macht nicht immer glücklich: Wir wussten als Nachwuchs den Gemüsebrei nicht zu schätzen, den unsere Eltern kochten. Ein bunter Joghurt war das, was uns wirklich glücklich machte.

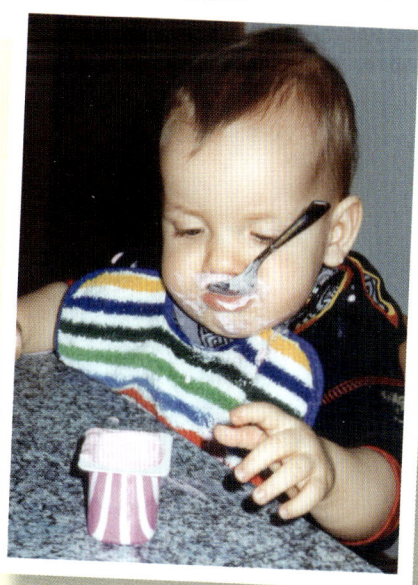

Noch zu klein, um es klauen zu können: Das Gute-Nacht-Fläschchen war in unerreichbarer Ferne. Als Baby konnte man nur sehnsuchtsvoll drauf starren, aber nicht danach greifen.

gesund wie möglich großzuziehen. Dem Kind einfach ein bisschen Milchpulver anzurühren, kam für die meisten Eltern nicht mehr in die Tüte, beziehungsweise ins Fläschchen – das erschien im neuen, modernen Zeitgeist als zu einfach und zu gedankenlos. Fläschchen galten nun nicht gerade als moralisch verwerflich, wurden aber den Babys längst nicht mit großer Selbstverständlichkeit in die kleine Hand gedrückt. Wir wurden also meist gestillt – und oft länger als geplant. Es war einfach praktisch: Wo immer wir mit unserer Mutter waren, das Essen war sozusagen fertig und vorhanden. Doch irgendwann war auch diese Phase vorbei, wir wurden größer, bekamen Zähne und verlangten ganz von selbst nach Handfesterem als immer nur Milch.

Also stellten sich viele unserer Mütter und Väter an den Herd und kochten selbst Babybrei. Dabei wetteiferten sie geradezu um die leckersten Rezepte, bei denen sie Kartoffeln und Karotten – gerne auch in Bio-Qualität – zerkochten und so jedes Vitamin quasi selbst sichteten und sicherten. Das Bewusstsein für die Welt und die Ernährung wandelte sich: Es musste nicht mehr alles nur schnell und bequem zur Hand sein. Mit einem Male gab es auch viele Öko-Produkte, die unsere Väter und Mütter mit Hingabe schrubbten, schnippelten und schnitten. Ob wir es lieber aßen als so manch gut durchgezuckerten Kinderjoghurt, ist allerdings noch die große Frage. Bei den Einkaufstouren am Samstag achteten unsere Eltern dankenswerterweise auch darauf, dass wir nicht zu kurz kamen. Das war aber nicht nur ihrer großen Liebe zu uns geschuldet, sondern auch dem Versuch, ihr Nervenkostüm zu schonen. Denn sie wussten: je glücklicher das Kind, desto stressfreier der Tag. Und wir wären nie auf die Idee gekommen, Stress zu machen an einem Ort, an dem es etwas so Wunderbares wie ein Bällchenbad gab.

Das war eine im Wortsinne runde Sache und der Inbegriff unserer allerersten Träume: Es war bunt, man konnte darin eintauchen und doch nicht untergehen – und war im besten Falle auch noch Anlaufstelle für weitere Familien, deren Nachwuchs ebenso begeistert darin tobte wie wir.

Eine runde Sache: Mit einem Bällchenbad konnte man uns stundenlang begeistern.

Lecker, so eine Wurst! Vegetarier wollten wir erst später werden.

Als die Kameras noch Filme brauchten

Diese erste Zeit unseres Daseins wurde liebevoll dokumentiert. Unsere Eltern legten die letzten Farbfilme in ihre Fotoapparate und knipsten genau die Zahl der Aufnahmen, die die Größe des Films zuließ: 12, 24 oder 36 Bilder passten drauf. Mehr nicht. Wenn der Film voll war, spulte ihn die Kamera mit lautem Surren zurück. Wir hörten das Geräusch des zurückschnappenden Films wohl das letzte Mal im Kindergarten, denn immer mehr Familien schafften sich eine Digitalkamera an. Das Filmen und damit auch endlose Knipsen in allen Lebenslagen begann – die Zeiten, in denen der Film voll war, waren vorbei. Wir bekamen von den vielen Aktionen und Entwicklungen um uns herum aber nicht viel mit, denn immer, wenn es spannend wurde, verschwanden wir hinter Gittern.

Es war zum Verzweifeln: Immer wenn die interessantesten Dinge geschahen, kamen wir hinter Gitter.

Wir konnten noch kein Wort lesen, hatten aber schon Interesse an der Welt: Wenn auch nicht die Artikel uns interessierten, dann aber doch die Fotos.

Das Kindergefängnis in Form von Laufställen war für unsere Eltern eine bequeme Möglichkeit, für unsere Sicherheit zu sorgen – und auch größere Schäden in der Wohnung zu vermeiden. Denn bald konnten wir schon laufen, beziehungsweise uns an Stühlen, Kanten oder gar Tischdecken hoch- und dabei so manches Geschirrteil oder Dekomaterial herunterziehen. Es galt, die Welt zu entdecken. In unseren ersten Jahren zögerlich. Dann immer mutiger: Wir lernten nach vielem Üben und wohl genauso vielen Stürzen das freihändige Laufen, das selbstständige Essen und im besten Falle auch rasch das verständliche Sprechen. Die Zeiten des Krabbelns und Brabbelns waren vorbei. Mit all diesen neuen Talenten ausgerüstet, waren wir für alles bereit. Das wahre Leben konnte beginnen.

So klein wir waren, dieser Faszination erlagen wir sofort: Computer zogen uns in den Bann, seitdem wir mit dem Kopf über die Tischplatte ragten.

9/11

11. September 2001 – dieses Datum markiert das Ende des Sicherheitsgefühls, das die Menschen bis dahin hatten. Die Terroranschläge auf das World Trade Center in New York und das Pentagon in Washington prägten nicht nur das erste Jahr im neuen Jahrtausend, sondern die ganze Welt. An diesem Dienstag saßen die Menschen auf allen fünf Kontinenten schockstarr vor den Fernsehern und sahen in endlosen Wiederholungsschleifen, wie die beiden Türme des World Trade Centers einstürzten. Terroristen hatten Flugzeuge in die beiden New

Yorker Wahrzeichen gesteuert, die Hochhäuser fielen nach den Explosionen in unvorstellbaren Staubwolken in sich zusammen. 3000 Menschen kamen dabei ums Leben. Das Datum für die Anschläge war bewusst gewählt. Die amerikanische Schreibweise des Datums lautet 9/11 – was zugleich auch die Notrufnummer in den USA ist. Der Terror dieses Tages gilt als historischer Einschnitt: Die Welt hatte sich an diesem Tag unwiderruflich verändert. In der Folge verschärfte sich der Afghanistankonflikt, der Irakkrieg begann.

Ab in den Kindergarten

2002-2004

Die einen fanden im Kindergarten ihre ersten Freunde, die anderen bereits ihre erste Liebe.

Wir werden Kindergartenkinder

Es war der allererste Schritt in ein selbstständiges Leben und der erste, der uns – zumindest für ein paar Stunden – von unseren Familien trennte: Wir gingen in den Kindergarten. Anfangs sehr aufgeregt, doch neugierig und meistens auch ein bisschen bibbernd, betraten

Rein ins Vergnügen: Als Kind hatten wir selten das Gefühl, dass uns die Dinge über den Kopf wuchsen.

Chronik

1. Januar 2002
Der Euro wird in zwölf Staaten der Europäischen Union als neue Währung in Umlauf gebracht.

26. April 2002
Amoklauf von Erfurt. Der Schüler Robert Steinhäuser tötet 16 Menschen am Gutenberg-Gymnasium mit einer Handfeuerwaffe und begeht Suizid.

12. Oktober 2002
Bei einem Bombenanschlag auf eine Diskothek auf Bali werden 202 Menschen, vor allem australische Touristen, getötet und 209 verletzt.

1. Februar 2003
Die Raumfähre Columbia verglüht 15 Minuten vor der Landung auf Cape Canaveral. Alle sieben Besatzungsmitglieder kommen ums Leben.

13. März 2003
Der Bundestag verlängert die Ladenöffnungszeiten bis 20 Uhr. Bis dahin galt 18 Uhr.

20. März 2003
Die USA beginnen den Irakkrieg.

13. September 2003
Der irakische Diktator Saddam Hussein wird in Tikrit festgenommen.

12. Oktober 2003
Rennfahrer Michael Schumacher (*1969) wird zum sechsten Mal Formel-1-Weltmeister.

4. Februar 2004
Der Student Mark Zuckerberg startet an der Harvard Universität das Unternehmen Facebook als Plattform für Kontakte der Kommilitonen untereinander.

11. März 2004
Schwerer Terroranschlag in Madrid: Es gibt 191 Opfer und 1500 Verletzte zu beklagen.

23. Mai 2004
Horst Köhler (CDU) wird Bundespräsident. Am 31. Mai 2010 tritt er zurück.

26. Dezember 2004
Der Tsunami im Indischen Ozean fordert 230 000 Todesopfer in Asien.

die meisten Kinder kurz nach ihrem dritten Lebensjahr die Kita. Damit die Wege kurz waren, lag die meist gleich um die Ecke: Schließlich mussten uns unsere Eltern drei Jahre lang jeden Tag morgens dort hinbringen und mittags wieder abholen. In Ostdeutschland lagen die Dinge anders: Dort waren es Eltern von jeher gewohnt, dass die Kinder in die Krippe gehen konnten, also auch schon vor Vollendung des dritten Lebensjahres tagsüber eine Einrichtung besuchten. Manche von uns wurden aber auch von Tagesmüttern betreut, die hatten dann stundenweise meist zwei

Seid mal kurz still! Zumindest für ein einziges Foto gaben wir Rasselbande mal kurz Ruhe.

oder drei Knirpse von unserer Sorte bei sich zuhause. Sie spielten mit uns, gingen mit uns spazieren und kochten für uns.

Damals führte kein Weg daran vorbei, dass man als ordentliches und amtliches Kindergartenkind bestimmte Voraussetzungen erfüllen musste: Erstens: Man musste den dritten Geburtstag hinter sich haben. Zweitens: Man musste trocken sein. Dass eine Erzieherin die Windeln wechselte, war die Ausnahme, nicht die Regel.

Der Euro

Am 1. Januar 2002 hatten plötzlich 320 Millionen Menschen in Europa die gleiche Währung im Geldbeutel. Alles war neu: Die Scheine, die auf den ersten Blick wie Spielzeuggeld wirkten, die Münzen, die nicht nur ein neues Aussehen, sondern auch eine neue Wertigkeit hatten. Viele Menschen trauerten der alten Währung, der D-Mark, hinterher. Sie hatten Angst, dass die neue Währung eine hohe Inflationsrate nach sich ziehen könnte. Aber die Vorteile waren auch nicht zu übersehen: Man konnte auf Reisen nun (fast) überall mit dem Euro bezahlen, es gab keinen Umtausch und kein mühsames Umrechnen mehr.

Einfach nur glücklich: Mit einer Schaukel waren wir über Stunden hinweg zu begeistern.

Schluss mit dem Schnuller

Die meisten von uns wissen wohl noch, wie es war, als sie den Schnuller hergeben mussten, der ihnen jahrelang Trost und Einschlafhilfe gewesen war. Die einen gaben ihn etwas freiwilliger her als andere, aber schließlich freundeten sich alle mit Hilfe der Schnullerfee oder auch von elterlichen Versprechen und Geschenken mit dem Gedanken an, auch ohne den Schnuller zu leben.

Als Kind kennt man vieles – aber keine Angst vor schlechtem Wetter.

So war das eben, wenn man groß wurde, erzählten uns die Erwachsenen. Und wir fügten uns mehr oder weniger freiwillig ins schnullerlose Leben – schließlich waren wir ja schon im Kindergarten.

Jeder von uns hat daran Erinnerungen, die meisten wissen sogar noch den Namen ihrer Erzieherin oder welch lustigen Namen die Gruppe trug, in der sie betreut wurden. Und sie werden auch noch wissen, wie es damals war, wenn wir in (bunte, natürlich!) Gummistiefel und Regenjacken gepackt und nach draußen verfrachtet wurden. Das Schlagwort der 00er-Jahre lautete „Waldkindergarten".

Die Vorstellung, dass wir ständig in Feld und Flur unterwegs waren, die Natur erlebten und am eigenen Leib spürten, machte unsere Eltern glücklich. Uns aber längst nicht immer – so manches Mal hätten wir lieber vom warmen Sofa aus die Sesamstraße geguckt, als draußen kalten Matschkuchen zu backen.

Draußen zu Hause: Sobald die ersten Sonnenstrahlen rauskamen, spielten wir im Garten oder im Park.

Ein Wunder, dass wir unsere Kindheit überlebt haben: Oft stocherten wir wild mit Stöcken herum. Die allerwenigsten aber verloren dabei ein Auge oder gar das Leben.

Ab an die frische Luft

Kinder, so behaupteten die Erwachsenen zumindest ständig, bräuchten viel frische Luft und noch mehr Bewegung. Hätte uns einer gefragt, ob das denn stimmt, wir hätten das heftig dementiert. Luft gab es unserer Ansicht nach in geschlossenen Räumen genauso viel wie draußen, drinnen hatten wir Spielzeug, Rennbahnen, Puzzles und Puppen. Doch die Erwachsenen saßen eindeutig am längeren Hebel und so waren wir tatsächlich oft in Feld und Flur unterwegs, sammelten Blätter, Kastanien und jegliche Materialien, die man zum Basteln verwenden konnte. Und wenn wir ehrlich sind: Es war super. Heute schauen wir gerührt all die vielen gekrakelten Bilder an, die wir stundenlang mehr ins Papier ritzten als sie malten, sehen die getrockneten Blumen, die wir in Büchern pressten. Und wir erinnern uns an die Kastanienmännchen, die wir aufhoben, bis sie so schrumpelig waren, dass man kaum mehr wusste, was die seltsamen Gebilde denn überhaupt mal hatten sein sollen.

Die Natur war uns Materialgeber, Bastelstube und Werkstatt in einem. Auf diese Art lernten wir viel mehr, als uns damals überhaupt bewusst war. Wir wussten, wie modrig nasse Blätter riechen, dass grüne Waldbeeren eklig schmecken, dass Brennnesseln fiese Dinger sind, dass man aus Hagebutten noch fieseres Juckpulver herstellen kann, dass man sich an Rosen verletzen und sich in Ranken hoffnungslos verheddern kann. Mit all diesem fundierten naturwissenschaftlichen Wissen lagen wir schon mal ganz weit vorne.

Aber auch wir fanden natürlich sehr schnell den Zugang zum modernen Leben. Unsere Eltern hatten schließlich in unseren ersten Lebensjahren den Fernseher nicht etwa im Schrank versteckt, sondern ganz normal laufen lassen – dabei aber immer darauf geachtet, dass wir nur pädagogisch wertvolles Material zu sehen bekamen. Denn sie wussten natürlich um den Sog der Bilder, der uns erfasste, kaum dass die Flimmerkiste anging. Die war damals übrigens noch lange nicht flach, sondern im Gegenteil unglaublich klotzig: Die TV-Geräte unserer Kindheit

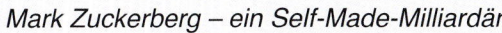

Fernsehen an, Lärmpegel runter: Sobald der Fernseher lief, saßen wir glücklich und zufrieden auf dem Sofa.

waren Röhrenfernseher, hatten also einen markanten Aufbau an der Rückfront, der die sperrige Technik beherbergte. Deshalb standen die Fernseher auch immer auf breiten Tischchen oder Kommoden, denn sie brauchten einfach eine Menge Platz. Aus heutiger Sicht waren die Fernsehgeräte von damals unfassbar hässlich. Doch die Technik hat bereits während unserer Kindheit rasante Sprünge gemacht. Das war auch unser Glück: Wir wuchsen ganz selbstverständlich und ohne es groß zu merken in die neue digitale Welt hinein.

Mark Zuckerberg – ein Self-Made-Milliardär

Er ist der jüngste Self-Made-Milliardär aller Zeiten und nur 15 Jahre älter als wir: Mark Elliot Zuckerberg (*14. Mai 1984). Der Informatik- und Psychologiestudent brach mit 19 sein Studium an der amerikanischen Harvard-Universität ab und gründete 2004 zusammen mit drei Freunden das soziale Netzwerk Facebook (ein Phantasiename, der sinngemäß Jahrbuch bedeuten soll). Die kleine Plattform wurde zum weltgrößten Firmenerfolg. Facebook zählte nur zehn Jahre nach seiner Gründung zu den fünf am häufigsten besuchten Websites der Welt, in Deutschland lag es auf dem zweiten Rang hinter Google. Facebook ist eine unfassbare Erfolgsgeschichte: 2016 rückte sein Gründer in die Reihe der zehn reichsten Menschen der Welt auf. Mark Zuckerberg hatte schon lange vor seinem 30. Geburtstag ausgesorgt. Das Thema Altersarmut wird ihn wohl nie angehen.

Technik und Musik begeistern uns

Bestes Beispiel dafür, wie sehr sich die Welt der Beschallungsindustrie gewandelt hat, sind die Kassettenrekorder. Mit denen hatten wir uns schon beschäftigt, als wir noch zu jung waren, um begeistert unsere Karriere als Fernsehzuschauer zu starten. Die Kinderversion des klassischen Kassettenrekorders war zu Anfang des Jahrtausends bunt (was sonst), aus mehr oder minder bruchsicherem Kunststoff gefertigt und produzierte neben ordentlich viel Krach auch Bandsalat. Solange die Kiste aber lief und nicht zu unserem Entsetzen das Band aus der Plastikhülle zerrte, dudelten wir unsere Lieblingslieder. Die stammten meist vom Popstar unserer ersten Jahre: Rolf Zuckowski. Man kann unter Jahrgangskollegen fragen, wen man will: Alle, wohl wirklich alle, kennen dessen Lied „In der Weih-nachtsbäckerei" – die meisten sogar heute noch auswendig. Zuckowski hat sich ins kollektive Kindergedächt-nis ganzer Generationen eingesun-gen und verewigt. Und wenn wir die Nase voll hatten von Kinderliedern, durfte es auch ruhig andere Musik

Wir gingen immer schon gerne den Dingen auf den Grund. Besonders, wenn sie mit Strom oder Technik zu tun hatten.

sein, bei der wir mitsingen und zu der wir tanzen konnten. Lieder wie der „Anton aus Tirol" von DJ Ötzi und auch viele Hits von Wolfgang Petry wie „Wahnsinn" eigneten sich ganz hervorragend dazu. Und vor allem eigneten sie sich dazu, unseren Eltern damit genau jene Hölle zu bereiten, von der der Herr Petry immer sang.

Sie sahen es eigentlich wesentlich lieber, wenn wir still und leise mit Lego oder Playmobilfiguren spielten. Wir aber standen auch schon früh auf eigene Experimente: Noch lange war nicht jede Steckdose mit einer Kindersicherung versehen oder Zucker und Mehl außerhalb unserer Reichweite positioniert. Kreatives Basteln mochten wir gerne, wir standen auf Window-Colors, also das bunte Gestalten von Scheiben mit Fensterfarbe. Dass unsere Eltern von unseren kreativen Experimenten und unserem Forscherdrang nicht immer begeistert waren, konnten wir nicht verstehen.

Eine Ritterburg sorgte dafür, dass das Kind glücklich und beschäftigt war.

Die Teletubbies spalten die Generationen

Wir konnten uns über mangelnde Unterhaltung nicht beklagen: Schon zwei Jahre vor unserer Geburt war KiKA, der Kinderkanal von ARD und ZDF, erstmals auf Sendung gegangen. Das Format hatte also bereits Hand und Fuß, als wir so weit waren, dass wir es uns vor der Glotze gemütlich machen konnten. Bei KiKA drehte sich alles um unterhaltsame Infos und Filme für Kinder: Wir sahen Tabaluga tivi, Löwenzahn, die Sendung mit der Maus, die Astrid-Lindgren-Verfilmungen und die Augsburger Puppenkiste.

Und dann war da noch unsere Lieblingssendung, über die sich unsere Eltern so gerne aufregten: die Teletubbies, die seit 1997 ausschließlich für Kleinkinder

produziert wurden. Der englische Begriff „Tubby" meint „rundlich". Und genau das sind die vier Figuren, die sich nur durch die Farbe ihrer Körper und die Form der Antennen auf ihrem Kopf unterscheiden.

Tinky-Winky (lila), Dipsy (grün), Laa-Laa (gelb) und Po (rot) beschäftigen sich mit simplen Dingen. Sie singen, kochen, backen, schlafen. Fertig. Kritiker wiesen immer wieder auf die sehr kindliche Sprache und den deshalb geringen Lerneffekt hin. Wir aber liebten die pummeligen Figuren und deren ständigen Ausruf: „Nomal, nomal!", der am Ende jeder Geschichte zu hören war.

Geschichten liebten wir sowieso über alles. Vor allem solche, die immer gut ausgingen und die uns nie Angst machten: Die Pixie-Bilderbücher waren das beste Beispiel dafür. Die erfolgreichste Bilderbuchreihe überhaupt – allein die Connie-Geschichten verkauften sich millionenfach –, wurde 1954 gegründet, um Kindern mit schönen Geschichten die Welt zu erklären und sie glücklich zu machen. Und dieses Prinzip funktionierte sogar noch über viele Jahrzehnte.

Radfahren ist eine Herausforderung

Es war die erste wirkliche Herausforderung, die wir freiwillig und ohne zu zögern in unserem jungen Leben annahmen: das Radfahren. Nichts wollten wir mehr, als sicher im Sattel zu sitzen, denn das Rad eröffnete uns neue Möglichkeiten. Es bot uns mehr Freizeitspaß und verkürzte viele Wege. Das Bobby-Car, das Dreirad und der Puky-Roller waren im Nachhinein nur eine Spaß-, das Rad dagegen eine

Erfolgsgeschichte. Mit dem Drahtesel konnten wir unseren Bewegungsradius vergrößern, Freunde besuchen, den Kiosk und die Eisdiele schneller erreichen – das Rad war das Maß aller Dinge auf dem Weg in ein selbstständigeres Leben.

Doch vor den Erfolg haben die Götter den Sturz gesetzt. Das Rad bot ungezählte Gelegenheiten, auf dem Asphalt aufzuschlagen und sich dabei Knie, Haut und Hände aufzuschürfen.

Doch das Wunder geschah: Wir alle erlernten das Radfahren. Und zwar wirklich alle. Es war gar nicht so schwer, wie wir dachten. Die einen verbrauchten auf dem Weg zum Fahren ohne Stützräder vielleicht ein bisschen mehr Verbandsmaterial als die anderen, aber wir alle hatten im Sattel fantastische Erfolgserlebnisse. Wir wurden groß. So fühlte es sich zumindest an, als wir auf zwei Rädern in die Freiheit oder auch nur erst einmal zum nächsten Spielplatz rollten.

Gute Schutzkleidung war wichtig: Unsere Eltern nahmen den Begriff Helmpflicht ernst. Wir wären lieber etwas cooler gestartet.

Tsunami im Indischen Ozean

Am Morgen des 26. Dezember 2004 löste ein Erdbeben vor der Küste Sumatras zahlreiche Tsunamis aus.

Die Riesenwellen überspülten ganze Küstenregionen und Urlaubszentren rund um den Indischen Ozean, unter anderem in Thailand, Sri Lanka und Indonesien. 230 000 Menschen starben bei der gigantischen Flut, davon allein in Indonesien rund 165 000. Über 110 000 Menschen wurden verletzt, über 1,7 Millionen wurden obdachlos.

Zwischen Trampolin und Nintendo

Wir wurden groß: Der Ranzen war ein sichtbares Zeichen dafür, dass wir Schulkinder waren.

Die Welt der bunten Ranzen

Wir kamen in die Schule. Unfassbar, dass endlich der Schritt ins echte Leben der Großen anstand, dachten die einen – unfassbar, dass es wirklich schon losgehen sollte mit der ganzen Lernerei, dachten die anderen. Doch gleich welche Haltung man zum Thema Schule, Stillsitzen und Büffeln hatte: Alle wollten einen tollen Ranzen. Die Frage vieler Mädchen, ob man sich für ein pinkfarbenes Modell mit Prinzessin Lillifee darauf entscheiden sollte oder doch lieber für den von Diddl

Chronik

2. April 2005
Papst Johannes Paul II. stirbt. Der Deutsche Joseph Ratzinger wird als Benedikt XVI. sein Nachfolger. Die Bildzeitung titelt: „Wir sind Papst."

22. November 2005
Die Physikerin Dr. Angela Merkel, bis dahin Bundesvorsitzende der CDU, wird als erste Frau deutsche Bundeskanzlerin.

28. Mai 2006
Der neue Berliner Hauptbahnhof geht in Betrieb Es ist der größte Etagenbahnhof Europas.

9. Juli 2006
Italien besiegt Frankreich im Elfmeterschießen und wird zum vierten Mal Fußballweltmeister. Die WM in Deutschland gilt heute noch als „Sommermärchen".

9. Oktober 2006
Der abgeschottete Diktaturstaat Nordkorea testet zum Entsetzen der Welt eine Atombombe.

8. Dezember 2006
Nintendo bringt die Wii-Konsole auf den Markt.

9. Januar 2007
Computergenie und Apple-Gründer Steve Jobs stellt das erste iPhone vor.

18. Januar 2007
Der Orkan Kyrill fegt über Europa. Die Bilanz des Sturms: 34 Todesopfer, der Schaden beläuft sich allein in Deutschland auf 8 Milliarden Euro.

9. März 2007
Der Bundestag verabschiedet die Rente mit 67 Jahren. Alle Proteste der Gewerkschaften nützen nichts.

15. September 2008
Das Finanzinstitut Lehman Brothers meldet Insolvenz an und löst damit eine Weltwirtschaftskrise aus.

4. November 2008
Barack Obama wird als erster Afroamerikaner zum Präsidenten der Vereinigten Staaten gewählt.

Mit sechs kamen wir endlich in die Schule.

oder den mit den bunten Luftballons, stellte sich den Jungs keine Sekunde. Sie wählten eher Modelle, die die Wilden Kerle, Technik oder Raketen zeigten. Aber gleich, wie der Geschmack war, wir alle fanden unser Lieblingsmodell. Also standen wir am ersten Schultag geschniegelt und gebügelt mit unseren

Rein in die Klassenzimmer und damit ins richtige Leben.

Jeder hatte seinen Platz: Wir konnten es kaum abwarten, in die Schule zu kommen.

Ranzen und Schultüten in der Aula oder der Pausen- oder auch Turnhalle unserer Grundschule und grinsten in die Kameras, die unsere Eltern, Großeltern und Paten dauerhaft auf uns richteten. Wir waren die Hauptpersonen an diesem unserem großen Tag und genossen das aus vollem Herzen. Auch wenn die Reflektoren auf unseren Ranzen im Blitzlichtgewitter der vielen Fotoapparate um die Wette leuchteten.

Die Welt ist einfach aufregend

Alles war wichtig in den ersten Tagen und Wochen in der Schule: Ob wir in der 1a oder 1b waren, mit wem wir an einem Tisch saßen, wie viele bekannte Gesichter aus dem Kindergarten wir kannten, wie unsere Klassenlehrerin hieß, wer schon lesen und schreiben konnte. Die Zeiten, in denen uns vorgelesen wurde, waren schon bald vorbei. Wir lernten selber das Lesen. Dennoch wollte natürlich niemand von uns aufs abendliche Vorlesen verzichten. Wenn unsere Eltern dazu keine Zeit hatten, war das aber nicht mehr allzu tragisch. Erstens konnten wir nun

Hausaufgaben hin oder her: Wir liebten es, nach der Schule auf den Spielplatz zu gehen.

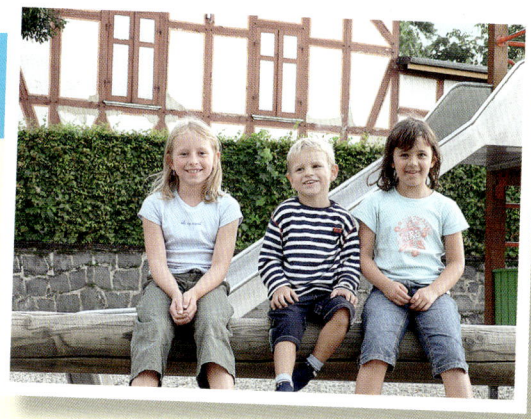

bald selber (stockend) lesen, und zweitens: der CD-Player funktionierte immer. Wir liebten Hörbücher. Zum Einschlafen legten wir eine Kassette oder eine CD ein und schlummerten dann bei die „Unendliche Geschichte", bei TKKG, den Conni-Geschichten, Pippi Langstrumpf oder auch den Abenteuern vom „Sams" ein. An stets verfügbaren Vorlesern herrschte also kein Mangel.

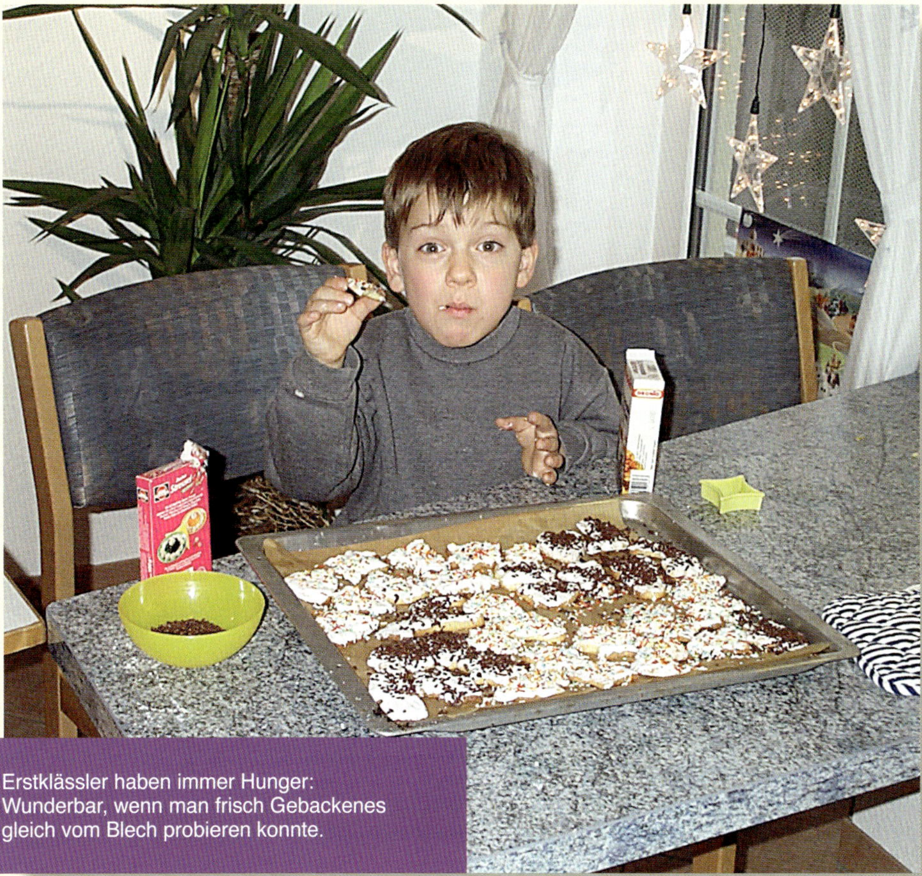

Erstklässler haben immer Hunger: Wunderbar, wenn man frisch Gebackenes gleich vom Blech probieren konnte.

Irgendwo tauchte immer Diddl auf: Selbst wenn man bei Freunden übernachtete, hatten die nicht selten Bettwäsche mit der Maus drauf.

Die Diddl-Maus war überall dabei: Für viele Altersgenossinnen war es unvorstellbar, ohne das plüschige Stofftier einzuschlafen.

Diddl – die Erfolgsgeschichte

Als Schulkind gerieten wir ins Visier einer riesigen Bespaßungsindustrie. Und wir waren offen für neue, witzige Ideen. Eine davon hatte der Grafiker Thomas Goletz 1990: Er erfand die Diddl-Maus. Und die war damals, als wir in die Schule kamen, total angesagt. Die Rechnung des Erfinders, der die Diddl-Maus ganz gezielt als Kitsch-Produkt entworfen hatte, das sich gut verkaufen lassen sollte, ging nicht nur auf – sie übertraf sämtliche Erwartungen.

Mit einem Mal war die ganze Welt gediddelt: Es gab schier unendlich viele Diddl-Produkte, angefangen vom Block über den Bleistift bis hin zu Bettwäsche und Badeschaum. Viele von uns konnten noch gar nicht schreiben, als sie schon Diddl-Blöcke sammelten und die Motive mit Freunden tauschten. Auswahl gab es wirklich genug.

Der Erfinder machte unglaublich viele Mäuse mit der Maus: Er verdiente über lange Zeit 150 Millionen Euro – nicht insgesamt, sondern pro Jahr! Ein knappes Vierteljahrhundert grinste Diddl von Tassen, Kissen, Ranzen, Stiften, dann dankte der Mäusekönig ab. Ende 2014 hieß es für Diddl „Aus die Maus": Die Produktion wurde eingestellt. Mit der Maus ließen sich einfach nicht mehr genug Mäuse verdienen.

Wir schauten fürs Leben gerne Fernsehen: Und noch lieber schauten wir Fernsehen zusammen mit unseren Freunden.

Nichts ist schöner als fernzusehen

Wir wurden älter und anspruchsvoller. Schluss mit Kinderliedern vom Band: Wir wollten jetzt spannende Geschichten hören – und vor allem sehen. Also machten wir es uns mit der Fernbedienung in der Hand auf dem Sofa gemütlich. Doch wir hatten die Rechnung ohne unsere Erziehungsberechtigten gemacht. Unsere Eltern hatten zu unserem Entsetzen immer noch einen komplett anderen Fernsehansatz als wir. Und das, obwohl wir jetzt in der Schule und damit groß waren. Für sie galt nämlich das Motto „Je weniger, desto besser". Aus unserer Sicht ein völlig unsinniger und nicht nachzuvollziehender Standpunkt! Wir sahen die Sache genau anders herum, wir saßen wie angepflockt auf den Sofas, sobald der Apparat anging. Wir liebten die Sendung mit der Maus, Sesamstraße, Löwenzahn, Petterson & Findus und Wissen macht Ah! Das alles waren Fernsehsendungen, die zu unseren kollektiven Kindheitserinnerungen gehören. Sie waren aber auch mehr als das: Sie strukturierten unseren Alltag. Wenn wir nach dem Spielen nach Hause kamen, wussten wir genau, dass es erst Abendbrot und dann noch eine kurze Runde KiKA gab, bevor wir uns bettfertig machen mussten.

Das Suchtpotenzial beim Fernsehen war groß. Fernsehgucken, bis das Hirn austrocknete – das wäre an so manchem verregneten Tag unser Traum gewesen. Wahr wurde er allerdings nie.

Wir machen immer größere Sprünge

Man erkannte schon von weitem die Häuser, in denen Kinder wohnten. Plötzlich stand in jedem, aber auch wirklich jedem Garten ein Trampolin. Natürlich immer mit einem Sicherheitsnetz, damit wir nicht unkontrolliert in die Rabatte hopsten. Das Trampolin war eine wirklich lohnenswerte Anschaffung, denn wir verbrachten viel Zeit darauf. Wenn wir gerade mal nicht stundenlang und mit wachsender Begeisterung darauf herumhopsten, nutzten wir es dennoch, um mindestens genauso lange und genauso gerne auch einfach nur auf dem Netz zu liegen und zu lesen oder zu lungern.

Das Gefühl, viel Zeit zu haben und in den Tag hinein spielen oder träumen zu können, war an warmen Trampolintagen groß und intensiv. Wir hätten es noch mehr genießen sollen, denn bald würden wir alle Smartphones haben und unter permanentem Kommunikationsstress stehen. Aber das wussten wir in jenen letzten Tagen der analogen Zeit noch nicht und waren deshalb sehr entspannt.

So schlugen wir uns tapfer durch ein Leben ohne Internetzugang. Und irgendwie funktionierte das auch. Und zwar richtig gut. Wir waren schließlich eine kreative Generation. An Regentagen batikten wir ganze Nachmittage lang. Wir färbten weiße T-Shirts und arbeiteten mit Hilfe von Fäden und Schnüren lustige Muster in sie ein. Oder wir verschönerten uns mit selbstgemachten Tattoos. In mancher Kaubonbonverpackung waren Bilder, die man einfach mit Hilfe von nassen Waschlappen auf die Haut auftragen konnte. Die waren nicht nur in den ersten Stunden nach dem Auftragen schön anzuschauen, sondern beschäftigen uns auch in den nächsten Tagen – da konnte man dann stundenlang dran rumkratzen und knuspern, bis man auch das letzte Fitzelchen abgelöst hatte. Oder wir entdeckten die Welt auf dem Globus: Google Maps stand uns schließlich noch nicht zur Verfügung, wir mussten noch selber die Erdkugel bzw. den Globus drehen, wenn wir wissen wollten, wo Amerika liegt.

Nicht nur auf dem Trampolin wollten wir hoch hinaus.

Im Sammelfieber mit Panini und Pokémon

In der Schule lernten wir neue Kinder kennen. Jetzt trafen wir uns nach Schulschluss, Mittagessen und Hausaufgaben, um Panini-Bildchen oder vor allem auch die Pokémon-Karten unserer Freunde auf ihre Tauschfähigkeit hin zu prüfen. Wer sie einmal angefangen hatte zu sammeln, der war den Fantasiewesen aus der gleichnamigen Serie von Videospielen, die 1996 auf den Markt gekommen waren,

Ob Pokémon- oder Panini-Karten: Tauschen und Sammeln war unsere neue Leidenschaft.

schnell verfallen. Der Begriff Pokémon ist eine werbefreundliche und griffige Abkürzung des englischen „Pocket Monster" (Taschenmonster). Pokémons gehören zu den weltweit erfolgreichsten Artikeln der modernen Spiele-Industrie. Auf die Figuren folgten eine Anime-Fernsehserie, das Sammelkartenspiel, 17 Kinofilme (bis 2016) und schließlich die App Pokémon Go!

Wir finden erste Hobbys

War es im Kindergarten noch relativ egal, ob man mit Jungs oder Mädchen befreundet war, so kristallisierten sich nun klare Jungs- und Mädchenfreundschaften heraus. Logisch, die Interessen gingen in ganz neue Richtungen. Der Renner bei den Mädchen war eine Puppenfigur, die an Winzigkeit nicht zu überbieten war. Nicht umsonst hieß sie Polly Pocket, passte also wie die Pokémons in die Tasche oder besser in die Dose. Polly Pockets winzige Welten hatten nichts mit großen Puppenhäusern zu tun, sondern mit deren extremen Schrumpfvarianten. Die Plastikdosen, in denen Polly Pocket wohnte, waren im Inneren als Gebäude gestaltet. In denen lebten, arbeiteten oder shoppten die Püppchen oder verbrachten sogar ihre Ferien in der Mini-Welt. Wer also auf Spielzeug stand, das man quasi erst mit der Lupe richtig gut sehen und erkennen konnte, war bei Polly Pocket gut bedient. Grobmotoriker durfte man allerdings nicht sein.

Was uns außerdem begeisterte, war das Verarbeiten von dünnen PVC-Schläuchen zu Schlüsselanhängern. Das Scoubidou war erfunden. Aus dem Kunststoff entstanden jene bunten Bänder, die jahrelang an den Handgelenken oder Auto-schlüsseln unserer Eltern hingen. Das Scoubidou aber verschwand genauso schnell wieder von der Oberfläche, wie es aufgetaucht war, denn Kritiker wiesen auf die vielen Weichmacher im Kunststoff hin. Die, so die Warnungen, sollten das Krebsrisiko bei Kindern erhöhen. Kein Wunder, dass das Scoubidou in der Folge eher berüchtigt als berühmt war.

Wir standen auf Abenteuer: Für uns konnte es beim Klettern gar nicht hoch genug gehen.

Die Jungs vermissten die Flechterei wohl kaum, die meisten standen eh mehr aufs Kämpfen: Sie lagen in diesen Jahren oft am Boden und ließen in den Bey-Stadien ihre Beyblades tanzen. Diese schnellen Metallkreisel entstam-men einer japanischen Manga-Serie, in der Jugendliche Kämpfe mit Kreiseln austragen. Was in Japan Anfang des Jahrtausends ein riesiger Erfolg war, faszinierte auch die Jungs in der westlichen Welt: Wir ließen stundenlang die Kreisel tanzen – und genossen es aus ganzem Herzen, wenn unserer der allerletzte war, der sich noch in der Arena drehte.

Angela Merkel

Sie ist die erste Kanzlerin der Bundesre-publik: Angela Dorothea Merkel (* 17. Juli 1954). Das war aber nie das eigentliche Ziel der in der ehemaligen DDR aufge-wachsenen Tochter eines Pfarrers. Sie hatte eigentlich mehr auf Naturwissen-schaften als auf die Politik gesetzt und in Leipzig Physik studiert, später promovierte sie in Berlin.

Doch im Leben kommt es oft anders als man denkt: 1990 zog die Physikerin für die CDU in den Bundestag ein, zehn Jahre später war sie die CDU-Bundesvorsit-zende, 2005 dann Kanzlerin. Merkel hatte das geschafft, was bis dahin nur wenige Frauen erreicht hatten: Sich an der langen Herrenriege in der Politik vorbei bis nach ganz oben zu kämpfen.

Das Sommermärchen 2006

Die WM 2006 in Deutschland ging als das deutsche Sommermärchen in die kollektive Erinnerung ein. In unserer Erinnerung waren es vier Wochen, in denen ununterbrochen die Sonne schien, in denen wir stets und ständig bei brütender Hitze mit unseren Eltern beim Public Viewing waren. Für uns war diese Weltmeisterschaft, die im eigenen Land ausgetragen wurde, eine einzige große Aufregung – wir hängten uns schwarz-rot-goldene Girlanden um den Hals, bemalten unsere Gesichter in den Nationalfarben, ernährten uns von Limo, Chips und Flips, versuchten, uns nicht über torlose Halbzeiten hinweg zu langweilen und jubelten einfach mit, wenn alle jubelten. Der sportliche Event war uns relativ egal, wir standen mehr auf den großen Spaßfaktor, den das ganze Drumherum mit sich brachte. Leider wurden wir kein Weltmeister, auch wenn es sich so anfühlte. Die deutsche Nationalmannschaft unter Trainer Jürgen Klinsmann unterlag im Halbfinale gegen Italien und belegte schließlich Platz drei.

Fahrräder und Freundebücher

Alles, was Räder hatte, zog uns magisch an. Rad fahren konnten wir längst, also suchten wir neue Herausforderungen. Und fanden sie bei Einrädern, Pedalos, Skateboards und Cityrollern.

All diese Gerätschaften forderten Balance und Geschicklichkeit und hielten uns zur Freude unserer Eltern meist lange draußen an der

Kaum konnten wir lesen und schreiben, füllten wir begeistert Freundebücher aus.

Nichts war langweiliger als laufen:
Es musste ein Gefährt mit Rädern
her, gleich welches.

frischen Luft – wenn wir uns nicht die Knie aufschlugen und früher als geplant nach Hause humpelten. Genauso gerne, wie wir draußen unsere Geschicklichkeit testeten, warfen wir uns aber auch wieder drinnen bäuchlings auf den Teppich, um zu spielen. Die Jungs stellten beispielsweise mit den spacigen Gestalten der außerirdischen Bionicles – jenen Figuren, die die Umsätze der Firma Lego drastisch steigerten – eigene Geschichten nach.

Und alle, gleich ob Mädchen oder Jungen, liebten und pflegten ihre Freundebücher. Kaum dass wir schreiben konnten, bekamen und verschenkten wir die Bücher, die unser kindliches Inneres durchleuchteten. Die zeigten außen auf dem Cover Diddl, Janosch, Lillifee und gaben drinnen unsere Vorlieben und Geheimnisse preis. Da ging es um Lieblingsessen und -bands, um die Frage, was man werden will, wenn man groß ist und wer der beste Freund oder die beste Freundin ist. Alles Fragen, die uns damals brennend beschäftigten. So ein Freundebuch war also nichts anderes als eine analoge Vorstufe von Facebook. Jeder nahm zu gerne das Buch in die Hand, las ganz neugierig, was die anderen geschrieben und welches Foto sie von sich eingeklebt hatten – und quälte sich selbst mit Antworten auf solche Fragen, was man denn um Himmels willen schrecklich gerne oder eben gar nicht mochte. Unser Hang zur Selbstreflexion war damals noch nicht sonderlich stark ausgeprägt, wir dachten stundenlang über die Frage nach, welches Geheimnis wir hatten und ob wir das nun wirklich ausgerechnet in einem Freundebuch lüften wollten. Dennoch liebten wir unser Freundebuch über alles, denn es gab uns ein ganz wichtiges Gefühl: Es belegte schwarz auf weiß, wer alles zu unserer Welt gehörte. Das Freundebuch war, wie der Name so schön und treffend sagte, der schriftliche Beweis dafür, dass wir nicht alleine waren, sondern ganz viele Freunde hatten.

Der Nintendo ist jede Entbehrung wert

Doch ganz neue, moderne Spielzeuge holten uns vom Boden an die Bildschirme. Manche spielten noch mit dem Gameboy, als andere schon zu Nintendo DS griffen: Als der rauskam, waren wir völlig fasziniert.

Meist waren es ältere Geschwister, die sich über ein solches Traumgerät zum Geburtstag freuen durften. Wir waren hin und weg und vor allem neidisch. Ein Gerät mit gleich zwei Bildschirmen – das war für uns der pure Computerwahnsinn.

Mit dem Nintendo vergaßen wir die Welt um uns herum.

Wir fingen an, eisern zu sparen. Der Nintendo war jede, aber wirklich jede Entbehrung und eisernes Sparen wert. Er bot einfach die Gelegenheit, all das am Computer zu tun, was in der wahren und wirklichen Welt undenkbar war. Beispielsweise durften längst nicht alle von uns ein Haustier halten. Der Nintendo machte aber zumindest die virtuelle Variante von Hund-Katze-Maus möglich. Der Wahn ging so weit, dass man mit dem Computerhund am frühen Sonntag am Bildschirm spazieren ging. Wenn schon, denn schon: Dass Hunde auch mal raus müssen, wussten wir. Und wir waren gute Hundehalter. Wenn auch nur virtuelle. Aber neben Tieren waren auch Fahrzeuge angesagt. Beim Nintendo DS mit dem Spiel Super Mario Kart hatte man die Chance, Rennen zu fahren und die Autos in direkter Konkurrenz starten zu können. Da hatte das herkömmliche, altbekannte und damit altmodische Spielzeug aus dem bisherigen Leben kaum eine Chance: Legosteine und Playmobilfiguren, bis dahin eher festes Inventar unserer Kinderzimmer als nur einfaches Spielzeug, verschwanden erst in Kisten, dann in Kellern und noch viel später auf dem Flohmarkt.

Stubensportler statt Stubenhocker

Und dann passierte das, was wir nie für möglich gehalten haben: Wir turnten begeistert im Wohnzimmer. Die Wii-Konsole sorgte dafür, dass aus Stubenhockern Stubensportler wurden. Nintendo brachte Ende 2006 die Wii-Konsole heraus. Ihr Merkmal ist es, dass ihr Controler über eingebaute Bewegungssensoren verfügt. Und das ließ uns vor dem Sofa im Wohnzimmer den Aufschlag im Tennis genauso üben wie den Elfmeter im Fußball. Einziger Unterschied: Wir

Alternative zu Mario Kart: die Rodelbahn. Wir hatten Spaß an der Geschwindigkeit.

mussten nie das Haus verlassen, um Sport zu treiben, brauchten nicht mal Sportsachen dafür – nur einen möglichst coolen Fernseher. So viel Sport wie damals haben wir nie mehr zusammen mit unseren Eltern getrieben. Wir 1999er waren aber bei Weitem nicht die einzigen, die mit Wii so richtig gerne in Wallung kamen: Nintendo verkaufte allein in den ersten acht Jahren weltweit 100 Millionen Spielkonsolen, mit Wii-Mini, Wii-Connect und Wii-Fit kamen neue Varianten hinzu.

Der Fortschritt nahm alle mit: Nur uns anscheinend nicht. Alle hatten Handys. Unsere Eltern, unsere größeren Geschwister – wir schienen die einzigen Wesen auf der weiten Welt zu sein, die noch kein eigenes Mobiltelefon hatten. Es hing von der Nervenstärke unserer Eltern ab, wie lange sie unser Gebettel und Generve ertrugen. Die ersten Mitschüler bekamen eines zum zehnten Geburtstag und machten großen Staat mit ihrem Sony Ericsson. Wir sahen neidisch zu. Und wünschten uns nur, nicht zu den Allerletzten im Jahrgang zu gehören, die auch eines bekämen.

MP3, SMS und GNTM

2009-2013

Eine Regentonne als Pool konnte notfalls auch mal das Schwimmbad ersetzen.

Ab ins Schwimmbad

Wir liebten den Sommer. Endlich waren wir groß genug, um allein ins Freibad zu radeln, wir waren nicht länger auf Mamas Taxi angewiesen und zogen mit Freunden los, um erste Erfahrungen in Sachen Freizeitplanung und Sonnenbrand zu machen. Kaum vorstellbar, dass wir selbst mal einer dieser Pimpfe waren, die da im Planschbecken quietschten! Wir spürten deutlich, dass wir wieder einen Sprung in Sachen Selbstständigkeit getan hatten. Wir konnten uns alle längst mehr oder weniger elegant im Wasser bewegen. Richtig fein raus waren diejenigen, die eine Unterwasser-Kamera hatten: Damit konnte man knallblaue Sommerfotos aus den Tiefen des Schwimmerbeckens heraus schießen.

Chronik

11. März 2009
Amoklauf von Winnenden: Der 17-jährige
Schüler Tim Kretschmer tötet in der
Albertville-Schule 15 Menschen und zuletzt
sich selbst.

April – Dezember 2009
In Deutschland bricht die Schweinegrippe
aus, an der 200 000 Menschen erkranken
und 250 sterben.

29. Mai 2010
Lena Meyer-Landrut gewinnt mit dem Titel
„Satellite" das Finale des 55. Eurovision
Song Contest.

31. Mai 2010
Bundespräsident Horst Köhler erklärt
seinen sofortigen Rücktritt vom Amt. Sein
Nachfolger wird Christian Wulff.

24. Juli 2010
In Duisburg gibt es keinen Ausweg aus dem
Gedränge: Bei der Loveparade sterben 21
Menschen, 511 Teilnehmer werden verletzt.

4. Januar 2011
Arabischer Frühling: Mit der Revolution in
Tunesien beginnt in der arabischen Welt
eine Serie von Protesten und Aufständen
gegen die autoritären Regimes.

11. März 2011
Im japanischen Fukushima explodieren im
Atomkraftwerk vier von sechs Reaktoren.
Eine verheerende Umweltkatastrophe.

6. Juni 2011
Die Bundesregierung beschließt den
stufenweisen Ausstieg aus der Kernener-
gie. Bis 2022 sollen alle Atomreaktoren
stillgelegt werden.

Juli 2011
In Deutschland wird die Wehrpflicht in
Friedenszeiten ausgesetzt. Kein Mann wird
mehr zum Dienst in den Streitkräften
eingezogen.

17. Februar 2012
Bundespräsident Christian Wulff tritt wegen
einer Kredit- und Medienaffäre vom Amt
des Bundespräsidenten zurück. Sein
Nachfolger wird Joachim Gauck.

3. Dezember 2012
Der Short Message Service (SMS) wird 20
Jahre alt.

Der Geburtstag, das Fest der Feste

Uns selbst gelüstete es stets und
ständig nach aufregenden Veranstaltun-
gen. Die Zeiten, in denen wir unsere
Geburtstage auf großen Hallenspielplät-
zen feiern wollten, neigten sich dem
Ende. Diese Indoor-Spielanlagen waren
über Jahre hinweg coole Party-Loca-
tions für alle Freunde gewesen, die im
Winter Geburtstag hatten und deshalb
weder Schnitzeljagden noch Freibad-
feste veranstalten konnten. Nach einem
Nachmittag auf dem Indoor-Spielplatz
waren wir alle komplett heiser. Denn wir
taten unser Bestes, um den ohnehin
hohen Geräuschpegel solcher Einrich-
tungen zu erhöhen. Im Nachhinein wird
uns klar: Zu unseren besten Zeiten
muss er so hoch wie der an einer

Da kam keine Langeweile auf:
Im Bowling-Center verging so ein
Geburtstag wie im Flug.

Startbahn am Frankfurter Flughafen gewesen sein. Doch wir amüsierten uns damals prächtig, während wir begeistert an Klettergerüsten rumkraxelten und uns dann mit Kuchen und Limo vollstopften.

Nun waren wir größer und erfahrener – auch was das Veranstaltungsmanagement unserer Geburtstage anging. Schluss mit den Verkleidungspartys, bei denen die Gäste in lustigen Outfits auftauchten. Auch die Schnitzeljagden daheim lösten keinen Jubel mehr bei der Besucherschar aus und nach dem zigsten Geburtstagsfest im Fastfood-Restaurant hatten wir das Thema Burger-Birthday auch abgehakt. Wir wollten nun viel lieber unseren Festtag in großen Kletterhallen oder Bowlingcentern verbringen. Blöd war es nur, wenn die Gäste besser spielten als wir, also das Geburtstagskind selbst. Noch hatten wir nicht gelernt, mit Würde zu verlieren.

Doch ganz gleich, was man an seinem Ehrentage auch anstellte: Am Abend zockelten die Gäste überdreht und überzuckert nach Hause. Oder sie blieben gleich da, denn Übernachtungspartys oder lange Filmabende im elterlichen Wohnzimmer standen hoch im Kurs. Wir hatten viel Freude daran, den Wohnraum mit Matratzen und Kissen in eine Art Auffanglager für aufgekratzte Halbwüchsige zu verwandeln. Die Begeisterung unserer Eltern dagegen hielt sich meist in Grenzen.

Angst? Kannten wir nicht:
In der Kletterhalle nahmen wir jede
Herausforderung an.

Harry Potter

Wir wurden mit Harry Potter groß. Joanne K. Rowling (*1965) hatte in einem Londoner Café den ersten Band über den Zauberschüler Harry Potter geschrieben. 1997 brachte ein Verlag klägliche 500 Potter-Bände auf den Markt. Damals gab ihr ein Lektor einen freundlichen Rat: Rowling solle sich besser einen ordentlichen Job suchen. Mit der Schreiberei alleine werde sie nie auf einen grünen Zweig kommen. Es handelt sich um einen der größten Irrtümer der jüngeren Geschichte. Harry Potter beendete die Armut seiner Erfinderin und zauberte ihr Ruhm und Reichtum herbei. Rowling ist die erste Schriftstellerin, die über eine Milliarde Dollar verdiente. Ab 2000 führte die Engländerin die Bestsellerlisten über Jahre hinweg auf der ganzen Welt an. Potters Abenteuer wurden sogar ins Altgriechische und Aramäische übersetzt. Aber wer und ob überhaupt jemand die altgriechischen Exemplare gelesen hat, ist nicht überliefert.

MP3 statt CD

Bereits in den ersten zwölf Jahren unseres Lebens hatten wir es mit den unterschiedlichsten Tonträgern zu tun. Als Kleinkind hörten wir Kassetten, später, als wir stundenlang Hörbüchern wie Harry Potter lauschten wollten, hatten wir CDs. Doch deren beste Zeiten waren schon lange vorbei, als wir ins Musikgeschäft einstiegen. Unsere ersten Alben waren oft bunt gemixte Zusammenschnitte aus den Charts wie beispielsweise die Bravo-Hits mit Liedern von Black Eyed Peas, Katy Perry, Rihanna, Usher oder Lady Gaga. Doch die CD war out, die Zeit der Downloads brach an. Endlich profitierten auch wir vom technischen Fortschritt. Viele von uns hatten zum Geburtstag oder zu Weihnachten einen MP3-Player geschenkt bekommen. Und wenn es richtig gut gelaufen war, dann war es sogar ein iPod, den wir da aus dem Geschenkpapier wickelten. Damals war das eines der phantastischsten Geschenke überhaupt, mit dem man eigene Musik mit eigenen Kopfhörern in eigener Lautstärke hören konnte. Krass!

Und plötzlich hatten wir eine unbegrenzte Auswahl. Wir mussten uns auf nichts Bestimmtes spezialisieren, uns stand die komplette Musikwelt offen. Streamingdienste wie Napster (ebenfalls Baujahr 1999) oder später Spotify (2006 gegründet) boten Abermillionen Titel aller erdenklichen Genres zur Auswahl. Wir nutzten die Chance, von Green Day über Kraftklub und Casper bis hin zu Shindy und Kanye West alles zu hören, was uns interessierte. Wir mochten damals, in jenen

Zeiten, in denen wir noch kein Smartphone hatten, vor allem die bunten iPod Nano. Die sahen super aus und passten noch dazu wunderbar in die Hosentasche. Eine Katastrophe aber war es, wenn man vergaß, diese handliche tolle Technik vor dem Waschen aus der Jeans zu nehmen. Bis heute gibt es keine Statistik darüber, wie viele Geräte samt der Hose mitgewaschen wurden. Es werden nicht allzu wenige gewesen sein. Überlebt hat den Schleudergang aber wohl kaum eins.

Lena in der Jury von „The Voice Kids".

Lena Meyer-Landrut

Lena: Die Abiturientin aus Hannover ist gerade einmal acht Jahre älter als wir (23. Mai 1991), sie gewann 2010 den Eurovision Song Contest.

Als sie sich mit gerade 18 Jahren für den Wettbewerb „Unser Star für Oslo" bewarb, kannte sie kein Mensch. Als sie für ihren Auftritt mit dem Song „Satellite" die Punkte und Sympathien in der Jury

abräumte, kannte sie beinahe jeder in Europa. 2011 ging sie erneut für Deutschland ins Rennen: Doch der Titel „Take me like a stranger" konnte es nicht mit dem Erfolg des Vorjahres aufnehmen, sie landete „nur" auf Platz 10. Ihrem Erfolg tat das keinen Abbruch: Sie feierte weiter Erfolge – auch in der Jury von „The Voice Kids".

Welchen Film wollen wir gucken? Als Kinder hatten wir noch Videotheken besucht. Und berieten dann lange, welchen Film wir schauen wollten.

Hungern mit Heidi

An unserem Fernsehgeschmack merkten wir als Allererstes, dass sich die Welt veränderte. Plötzlich interessierten uns die klassischen Kindersendungen nicht mehr, mit denen wir doch so lange Spaß gehabt hatten. Wir stiegen um. Auf Serien wie „Alarm für Cobra 11", auf „Gute Zeiten, schlechte Zeiten" und auf „Germany's Next Topmodel". Vor allem letztere zog uns in ihren Bann, auch wenn wir es ungern zugaben. Es war aber einfach immer wieder spannend zu sehen, wie Heidi Klum als Expertin fürs Dünn- und Schönsein ihre Kandidatinnen triezte. Wir schauten satt und zufrieden vom Sofa aus zu und aßen dabei Chips. Es hatte eben durchaus auch seine Vorteile, ein ganz normaler satter Teenager und kein ewig hungriges angehendes Model zu sein. Auch hatten wir richtigen Spaß mit den amerikanischen Serien „Hannah Montana", „Drake and Josh" oder „iCarly". Und das Beste war: „Neds ultimativer Schulwahnsinn". Was haben wir das geliebt!

Fernsehen konnten wir in jeder Lage.

Wir wachsen mit dem Kino auf

Wir waren es von Kindergartenzeiten an gewöhnt, ins Kino zu gehen. Computeranimierte Filme wie der „Polar Express", „Toy Story", „Ice Age", „Die Unglaublichen", „Findet Nemo" – die meisten dieser Kassenschlager hatten wir als Kinder in der Nachmittagsvorstellung gesehen. Als 2009 der Animationsfilm „Oben" in die Kinos kam, gehörten wir als kinoerfahrene Zehnjährige zu den Ersten, die ihn sahen. Im Dezember 2009 lief auch der Science-Fiction-Film „Avatar – Aufbruch nach Pandora" von James Cameron an, der Film, der mit 2,8 Milliarden Dollar das höchste Einspielergebnis aller Zeiten erzielte. Dummerweise waren wir dennoch ein wenig zu jung, als er rauskam. Deswegen gehörten wir – drei Oscars hin oder her – dann doch zu den Letzten, die ihn sahen.

Auch die „Twilight-Saga", die von Vampiren handelte, die rund um die Uhr bissig waren, sahen wir eher rückwärts: 2009 kam „Biss zum Morgengrauen" heraus, und wir waren immer noch gerade erst zehn. Der Film gewann bei den MTV Awards den Preis für den besten Filmkuss. Im besten Falle war uns eine solche Rubrik egal, im schlimmsten fanden wir sie voll eklig.

Dafür waren wir von Anfang an dabei, als 2012 die aufwändige 3D-Version der Science-Fiction-Saga „Star Wars" ins Kino kam. „Episode 1 – Die dunkle Bedrohung" war nur einer der Filme, die uns vom Kinosessel fegten, genau wie der erste Teil der Verfilmungen der „Tribute von Panem – Die Hungerspiele". Die Romane von Autorin Suzanne Collins kamen von 2012 bis 2015 in die Kinos – und faszinierten Jungs und Mädchen gleichermaßen.

Mit simplen Computerspielen konnte man nur noch die kleinen Geschwister beschäftigen – und selbst die nicht mehr lange.

Der Arabische Frühling

Alles begann damit, dass sich der tunesische Gemüsehändler Mohamed Bouazizi als Protest gegen Polizeiwillkür und Demütigungen selbst anzündete. Im Dezember 2010 begann in Tunesien eine lange Serie von Aufständen und Revolutionen, die sich gegen das autoritäre politische Regime richteten. Die Massenunruhen setzten sich über die tunesischen Grenzen hinweg in ganz Nordafrika und dem Nahen Osten fort. Anfangs wurde der Name Arabischer Frühling noch positiv besetzt, er galt als Zeichen der Hoffnung auf bessere Lebensbedingungen und Menschenrechte in diesen Ländern. Mittlerweile hat sich dieses Bild ins Gegenteil verkehrt: Es kam zu Regierungsstürzen und Reformen, aber auch zu Bürgerkriegen wie in Libyen und Syrien und damit zu unvorstellbarem Leid.

Die ersten SMS

Kaum waren wir aus dem Kino draußen, berichteten wir unseren Freunden, wie wir den Film gefunden hatten. Natürlich mit unserem eigenen Handy und per SMS. Wir hatten lange mit unseren Eltern um ein eigenes Telefon kämpfen müssen und waren mächtig stolz darauf, als wir endlich eines bekamen. Aber: Aus heutiger Sicht handelte es sich eher um lustige Geräte. Solche, die man in eine Kategorie mit Langspielplatten oder Telefone mit Wählscheiben packen würde. Doch eigentlich ist das auch ein bisschen verrückt. Wir gehören zwar zu denen, für die eine vernünftige Kommunikationstechnik völlig selbstverständlich ist. Und zugleich gehören wir zu denen, die noch wissen, wie es klingt und sich anfühlt, wenn man auf Nicht-Smartphones eine SMS in die deutlich fühlbaren Tasten hämmert. Bei diesem Short-Message-System lernten wir, dass der Name Programm ist: Man musste sich kurz fassen, um das Wesentliche zu sagen. SMS waren schließlich

Das Design änderte sich rasant: Waren Handys früher unförmige Briketts, wurden sie im Laufe der Zeit immer schicker. Das Maß aller Dinge wurde das iPhone.

kostenpflichtig. Und unsere mühsam und meist vom Taschengeld abgesparte Prepaidkarte war immer schnell aufgebraucht – viel zu schnell, wie wir oft stöhnend feststellten.

Unsere SMS hatten oft lustige Inhalte, denn wir wurden Weltmeister im Abkürzungenfinden. Manchmal tippten wir nur wenige Minuten nach Schulschluss einfach nur „BF" ins Klapphandy und schickten das unserer besten Freundin. Die freute sich meist über diese beiden Buchstaben mehr als über einen langen Brief. Die Abkürzungen sind der Beweis, dass wir schon früh lernten, die Dinge fantasievoll auf den Punkt zu bringen. „ABFFL" beispielsweise stand für die „Allerbeste Freundin fürs Leben". Dass das aber ein Treue-Versprechen war, das wir sehr wahrscheinlich gar nicht auf Dauer halten würden können, hielten wir damals nicht für möglich. Eine weitere Abkürzung war „HDGDL", die für „Hab dich ganz doll lieb" stand. Zumindest am Anfang. Später aber stand diese Buchstabenkombination auch gerne für die Klarstellung, dass die Freundschaft nicht fürs Leben blieb, sondern viel schneller als gedacht am Ende war. Dann stand „HDGDL" für „Hab dich gedisst, du Loser". Im Klartext: Man schickte sich nie wieder irgendwas. Schon gar keine SMS. Die „ABFFL" gehörte dann schon einem anderen Leben an. Wir gewöhnten uns rasend schnell an die neue Art der Kommunikation. Wenn wirklich noch einmal ein Freund auf dem Festnetz unserer Eltern anrief, fragten die uns ganz verdattert, ob denn unser Handy kaputt oder verloren gegangen sei. Und auch für uns fühlte es sich seltsam an, wieder sozusagen unter Aufsicht zu telefonieren. Wir waren längst an eine zeitversetzte Kommunikation gewöhnt. Wir bekamen Nachrichten, lasen sie mehr oder weniger zeitnah und antworteten dann, wenn wir Zeit hatten. Das heißt meistens sofort, denn für unsere Freunde hatten wir schließlich immer Zeit.

Die Reaktorkatastrophe von Fukushima

Es war eine Nuklearkatastrophe, die noch viel schlimmer war als der Atomunfall, der sich 1986 im weißrussischen Tschernobyl ereignet hatte.

Nach einem Erdbeben explodierten im japanischen Kernkraftwerk Fukushima am 11. März 2011 vier von sechs Reaktoren. Die Entsorgung der Trümmer wurde auf die Dauer von 40 Jahren veranschlagt, der Schaden auf 200 Milliarden Euro geschätzt. Die Konsequenzen aus dem verheerenden Unglück wirkten sich weltweit aus: Fukushima läutete die Energiewende ein. In Deutschland wurde der Atomausstieg bis 2022 beschlossen.

Die Pubertät, eine schwierige Phase

Die Pubertät beamte uns in eine andere Welt. Nämlich in eine, in der nicht mehr nur die Familie, sondern vor allem auch die Freunde die entscheidende Rolle spielten. Und mit einem Male drehte sich die Welt um uns und vor allem um unser Äußeres. Ein Pickel war eine Katastrophe. Schlimm, dass wir derart verunstaltet zur Schule gehen mussten. Noch schlimmer, wenn uns Ärzte gnadenlos eine Brille oder eine Zahnspange verordneten – es kostete Überwindung, sie zu tragen.

Der Blick auf die Welt war nicht so wichtig: Unser Spiegelbild dagegen war von riesiger Bedeutung. Wir unterzogen unentwegt jedes Körperteil eingehenden Prüfungen und stellten jedes Mal fest: Nase und Füße waren zu groß, Mund und Hände zu klein, der gesamte Körper zu schwer.

Einkaufen war unsere Lieblingsbeschäftigung. Kein Wunder, zumindest gefühlt hatten wir ja auch nie etwas anzuziehen.

Im Nachhinein ist das vielleicht lustig. Doch damals litten wir: Unter Ohren, die zu groß, Pickeln, die zu fies, Haaren, die zu lockig und Zähnen, die zu gelb sein konnten.

Wir entdeckten uns gerade selbst. Auch mit Hilfe des Handys. Wir knipsten uns permanent, ob nun mit ausgestrecktem Arm oder mit einem Selfie-Stick. Und diese Fotos schickten wir an Freunde, posteten sie im Netz, testeten sie als Profilbild.

Um es kurz zu machen: Es war das Alter, in dem nicht etwa wir mit der Welt, sondern die Welt mit uns leben musste. Diese Phase unseres Lebens war anstrengend. Nicht nur für uns, sondern auch für unsere Eltern und Geschwister. Mädchen blockierten morgens das Bad, Jungs blockierten Gespräche und Fragen – und das ganztägig. Das emotionale Chaos, in dem wir steckten und über Jahre hinweg lebten, wirkte sich damit auf die ganze Familie aus.

Wir starten ins Leben

Wir wurden groß: Längst waren wir selbst mit unseren Freunden im Schwimmbad unterwegs.

Abnabelungsversuche

Wir nabelten uns ab von den Eltern, bezogen uns immer mehr auf Freunde und Cliquen. Kaum waren wir 14, überschlugen sich die Dinge. Die einen freuten sich auf ihre Konfirmation, die anderen auf ihre Jugendweihe oder die Firmung. Diese Feste stellten einen Höhepunkt im Familienleben dar – und auch einen in geschenketechnischer Hinsicht. Denn der Schritt ins Erwachsenwerden war auch immer verbunden mit einem großen Fest und vielen Geschenken. Oft reichte das Geld aus, um sich einen großen Wunsch zu erfüllen, z. B. den nach einem Laptop. Doch so selbstständig wir uns auch zu dieser Zeit fühlten, wir waren lange noch nicht erwachsen.

Chronik

28. Februar 2013
Papst Benedikt XVI. tritt zurück. Sein Nachfolger wird Papst Franziskus.

Sommer 2013
Der ehemalige Mitarbeiter des US-Geheimdienstes NSA, Edward Snowden, löst eine Überwachungs- und Spionageaffäre aus.

8. März 2014
Ein Flugzeug der Malaysia-Airlines mit 239 Menschen an Bord verschwindet über dem Indischen Ozean.

13. Juli 2014
Deutschland gewinnt die Fußball-WM.

17. Juli 2014
Der Konflikt um die Ukraine fordert zivile Opfer: Ein Flugzeug der Malaysia-Airlines wird nahe der russischen Grenze abgeschossen. 298 Menschen sterben.

24. März 2015
Der Pilot einer German-Wings-Maschine steuert auf dem Weg von Barcelona nach Düsseldorf sein Flugzeug absichtlich gegen einen Berg. Alle 150 Passagiere sterben.

25. April 2015
Erdbeben in Nepal: Tausende Menschen sterben, Tempel liegen in Trümmern.

20. September 2015
Der VW-Konzern wird vom Abgas-Skandal erschüttert. Der Autobauer räumt ein, Testwerte von Dieselfahrzeugen manipuliert zu haben. Das kostet VW Milliarden.

13. November 2015
Nach einem Anschlag auf das französische Satire-Magazin „Charlie Hebdo" im März, wird Paris erneut von mehreren Terroranschlägen des IS erschüttert, bei denen 150 Menschen sterben.

22. März 2016
Bei IS-Terroranschlägen in Brüssel werden 30 Menschen getötet und 300 verletzt.

14./18./22. Juli 2016
Drei Terroranschläge in sechs Tagen: Ein 31-Jähriger rast in Nizza mit einem Lastwagen durch die Menge, die den Nationalfeiertag begeht. 84 Menschen sterben. Ein 17-Jähriger attackiert in einem Zug bei Würzburg Fahrgäste mit einem Beil. Ein 18-Jähriger erschießt im Münchner Olympia-Einkaufszentrum zehn Menschen.

Ein Traum wurde wahr: Zum Geburtstag einen eigenen Laptop zu bekommen war schlicht der Hammer.

Im Klartext hieß das, dass rein rechtlich gesehen jedes Ausgeh-Vergnügen um 22 Uhr endete. Selbst wenn den Veranstaltern unser Alter egal war – unseren Eltern war es alles andere als gleichgültig, wann und in welchem Zustand wir nach Hause kamen. Es wurde uns eines sehr schnell klar: Auf Ausflüge, die bis in die frühen Morgenstunden dauerten, würden wir noch eine ganze Weile hinfiebern müssen.

Wir schauen selten Fernsehen

Als unser eigener Laptop vor uns stand, hatte sich eine Frage erübrigt, die viele Jugendliche vor uns beschäftigt hatte. Nämlich die, wann sie denn endlich einen eigenen Fernseher bekommen würden. Denn der Witz war: Wir wollten

gar keinen Fernseher – wir wollten das Internet. Programmzeitschriften wurden unnötig, denn wir wurden unsere eigenen Intendanten – wenn wir nicht doch wegen Sendungen wie „Germany's Next Topmodel" oder den „Bachelor" oder auch – besonders beliebt! – „Circus Halligalli" den Fernseher anmachten.

Anstatt in die Glotze zu gucken, streamten wir auf unseren nagelneuen Laptops nicht nur die Musik, sondern auch die Filme und Serien aus dem Netz, die wir später gemütlich in unserem Zimmer schauten. Wir liebten die vielen Teile vom witzigen Johnny-Depp-Abenteuer „Der Fluch der Karibik", und die „Tribute von Panem" mit Jennifer Lawrence, bevor wir dann Serien wie „Game of Thrones" oder „The Walking Dead" suchteten: Wir saßen Staffel um Staffel und Folge für Folge vor den Bildschirmen. Im besten Falle waren die richtig groß und standen im heimischen Wohnzimmer. Denn auch unsere Eltern merkten schnell, welchen Sog die Serien hatten, die mit einem Male nicht mehr nur als DVD, sondern von den Streaming-Diensten wie Netflix oder Amazon angeboten wurden.

Terror kennt keine Grenzen

Frankreich steht im Fokus von Terroristen: Bei einem islamistischen Terroranschlag auf das Redaktionsbüro der Satirezeitung „Charlie Hebdo" in Paris werden am 7. Januar 2015 zwölf Menschen und damit ein Großteil der Redaktion ermordet. Es ist erst der Beginn des Wahnsinns: Am 13. November 2015 schlagen Attentäter in Paris an fünf Orten zugleich zu, unter anderem bei einem Rockkonzert, einem Fußballspiel und in Restaurants. 150 Menschen sterben, mehr als doppelt so viele werden verletzt. Und der Terror geht weiter. Am 14. Juli 2016 rast ein Mann mit

einem Laster in Nizza über einen Boulevard, auf dem die Menschen den französischen Nationalfeiertag begehen. Die schreckliche Bilanz: 84 Tote, viele Dutzend Verletzte. Wenige Tage später ermorden Terroristen in der Normandie einen Pfarrer während eines Gottesdienstes und nehmen Geiseln.

Auch Deutschland wird im Juli 2016 von mehreren Anschlägen erschüttert. Ein 17-Jähriger verletzt in einem Zug bei Würzburg vier Menschen mit einer Axt, in München erschießt ein 18-Jähriger wahllos zehn junge Leute.

Das Glätteisen und die Winterschuhe

Unser Aussehen wurde uns immer wichtiger. In Sachen Frisur gab es nur wenige Alternativen. Jungs trugen einen Undercut, jenen Haarschnitt, den das

Chucks – eine Lebenseinstellung.

Moderatorenduo Joachim Joko Winterscheidt und Klaas Heufer-Umlauf modern gemacht hatte. Der Undercut galt als beste Frisur ever. Für die Mädchen war klar: Naturkrause oder gewelltes Haar waren vorgestern. Das Gegenteil war der Fall: Glätteisen waren angesagt. Wer lange Haare hatte – und alle Mädchen hatten lange Haare – zog diese vorm Rausgehen durchs heiße Eisen, damit sie so glatt wie frisch gebügelt wirkten. Das war zwar schlecht für die Haare, aber gut fürs Selbstbewusstsein. Und davon brauchten wir viel. Wenn wir Glück hatten, sagten uns unsere Freundinnen, dass wir hübsch seien. Wenn wir Pech hatten, sagten es nur unsere Omas. Doch ganz gleich, wer uns mit Komplimenten überhäufte – es war eben noch lange nicht die Zeit, in der wir ein Lob wirklich hätten annehmen und darüber froh sein können.

Und das Aussehen verlangte nicht viel. Röhrenjeans, Schuhe in Jeansoptik waren die Essentials: Die Jungs trugen Karohemden und die Mädchen ein Top. Fertig.

Wir standen auf luftige Kleidung. Im Sommer trugen die Jungs dreiviertellange Hosen und T-Shirts, Mädchen standen auf Jumpsuits, die viel Arm oder auf Hot Pants, die viel Bein zeigten. Sobald das Thermometer zweistellige Gradzahlen anzeigte, griffen sie zu Tops oder bauchfreien T-Shirts. Wenn es mal richtig kühl war, half ein leichter Cardigan. Die Frage, die uns schaudernde Erwachsene bei

Ohne die anderen ging gar nichts: Unsere Freunde wurden uns fast so wichtig wie unsere Familie.

unserem Anblick am häufigsten stellten: „Frierst du denn nicht?" Dabei war es die normale Montur für einen normalen Schultag im April.

Wir waren die Generation, die das Wort „Winterstiefel" einfach komplett aus ihrem Wortschatz gestrichen hatte. Mit Chucks kamen wir sommers wie winters gut durchs Leben und die Jahreszeiten. Dass Blasenentzündungen oder Erkältungen von nassen Chucks und kalten Füßen kommen sollten, hielten wir für die Verschwörungstheorie einer Schuhindustrie, die für uns längst aus der Mode war.

Leg' doch mal das Ding aus der Hand!

Das Leben ohne Smartphone war für uns schon mit 16 nicht mehr denkbar. Was zu Beginn des Jahrtausends noch unvorstellbar, war 2015 längst Realität: 99 Prozent aller Jugendlichen hatten ständigen Internetzugang.

Selfies produzierten wir am laufenden Band.

Soziale Netzwerke, angefangen von SchülerVZ über Facebook, Instagram, Twitter und Snapchat wurden für uns unverzichtbar. Es eröffnete sich damit eine digitale Welt, die uns mit Freunden und Anfragen überschwemmte. Um den Überblick zu behalten, richteten wir Gruppen ein. Um kurze Zeit später entsetzt festzustellen, dass wir doch den Überblick verloren hatten.

Für uns war der Umgang mit dem Internet und den sozialen Netzwerken völlig selbstverständlich. Deshalb fanden wir es auch umso erstaunlicher, dass wir mit einem Male als Technikexperten galten.

Ohne Laptop gingen wir nirgends mehr hin: Wenn wir nicht darauf Filme schauten, dann sorgten wir damit auf Partys für Stimmung.

Unser Rat war ständig gefragt: Mütter wollten wissen, warum ihr Handy so lahm war (sie hatten einfach Dutzende Internetseiten offen), Väter fragten, für was denn Siri nun eigentlich genau zuständig ist (weil sie die Sprachbefehle noch nicht kannten) und jüngere Geschwister wollten wissen, warum sie bestimmte Spiele nicht installierten konnten (weil die kostenpflichtig waren).

Snapchat

So cool muss man erst einmal sein und ein Kaufangebot in Höhe von drei Milliarden Dollar ablehnen. Die drei Gründer des kostenlosen Instant Messaging Dienstes Snapchat haben 2013 genau das getan. Sie weigerten sich, ihre Idee an Facebook zu verkaufen.

Das Besondere an Snapchat: Man kann genau wie bei anderen Diensten Fotos an Freunde schicken – die aber zerstören sich selbst, wenn der Betrachter sie angeschaut hat. Es hat sich für die Snapchat-Gründer übrigens gelohnt, standhaft zu bleiben und das 3-Milliarden-Dollar-Angebot abzulehnen. Im September 2015 war Snapchat bereits 19 Milliarden Dollar wert. Der Beliebtheitsgrad wuchs beständig: 2015 gehörte Deutschland zu den zehn Ländern mit der höchsten Zahl an Snapchat-Nutzern weltweit. Facebook reagierte: und brachte Instagram Stories auf den App-Markt.

Blogger und Vlogger

Sie wurde berühmt, weil sie im Internet keine Anleitung für eine Flechtfrisur fand: Bianca Heinicke (*1993) stellte im Dezember 2012 ihr erstes Video bei YouTube ein. In dem zeigte sie, wie man einen schicken Zopf flechtet. Aus diesem bescheidenen Anfang wurde ein großer Hype: Unter dem Namen Bibis Beauty Palace gibt Heinicke Tipps zu Mode und Make-up, die millionenfach geklickt werden.

Genau wie die von Dagmar Ochmanczyk, viel besser bekannt als Dagi Bee (*1994). Sie beschäftigt sich seit 2012 in ihren Videos mit Fragen zum Aussehen und zum Lifestyle, galt 2015 und 2016 als meistgeklickte Video-Bloggerin.

Aber es ging uns nicht nur ums Aussehen: Vlogger und Webvideoproduzenten wie Flo und LeFloid sorgten auf ihren Kanälen mit einer Mischung aus Videoblogging und klassischem Journalismus dafür, dass wir uns mit aktuellen und politischen Themen auseinandersetzten. Fernsehen war eben wirklich von gestern. Wenn nicht von vorgestern.

Wir hatten vor und nach den Spielen unseren Spaß. Autokorsos gehörten zur Fußball-WM 2014 einfach dazu.

Wir sind Weltmeister

Wir waren bereits turniererfahren, als wir 2014 in unsere immerhin schon dritte bewusst erlebte Fußball-Weltmeisterschaft starteten. Wir kramten die Vuvuzelas von 2010 hervor und machten uns auf einiges gefasst. Aber wir machten uns nicht gefasst auf das, was dann wirklich kam. Die WM 2014 in Brasilien war der Superknaller: Das deutsche Team unter Trainer Joachim „Yogi" Löw gewann ein Spiel nach dem anderen und wurde Weltmeister. Und Spieler wie Mario Götze, Bastian Schweinsteiger und Manuel Neuer zu ewigen Helden. Wir saßen bei jedem Spiel erst gespannt wie ein Flitzebogen vor Fernsehern und Leinwänden und dann trötend auf den Beifahrer- oder Rücksitzen der Fahrzeuge, die im Autokorso durch die Stadt fuhren. Es war die letzte Weltmeisterschaft, bei der wir noch keinen Führerschein hatten, aber wir wussten eines ganz sicher, als wir bei Freunden ins Auto stiegen: Bei der nächsten Weltmeisterschaft würden wir selbst einen Wagen hupend durch die Nacht steuern. Selbst wenn Deutschland kein einziges Spiel gewinnen würde. Aber das war sehr sehr unwahrscheinlich.

Alles, nur kein Wanderurlaub

Mit 16 wollten wir etwas von der Welt sehen und zwar ohne elterliche Begleitung. Aber unsere Eltern ließen uns noch nicht alleine in den Urlaub fahren, doch eine Wandertour in den Bergen kam für uns auch nicht mehr in Frage. Also gab es drei Einigungsvorschläge fürs Problem.

Lösung 1: Unsere Eltern ließen sich breitschlagen, verzichteten auf den Wanderurlaub und flogen mit uns irgendwohin, wo es Palmen, Pools und Partys gab.

Lösung 2: Wir fuhren mit unseren Freunden und einer Jugendreiseorganisation weg, am liebsten ans Meer.

Lösung 3: Unsere Eltern ließen uns nach langem Bitten und Betteln zu Hause, damit wir ihnen nicht mit unserer jugendlichen Grundgenervtheit den Urlaub verdarben. Das erforderte zig Verhandlungen und Versprechen. Wir schworen, dass wir uns daheim um alles kümmern, den Rasen mähen und die Wohnung putzen würden – und dann hatten wir unsere Ruhe.

Wir fanden es cool, das Haus oder die Wohnung für uns zu haben, das würde großartig werden, wir hatten vor der Abreise unserer Eltern keinen Zweifel.

Und es war auch großartig. Zumindest, solange der Kühlschrank voll war. Irgendwann in der ersten Woche als Selbstversorger aber machten wir Erfahrungen, mit denen wir nicht gerechnet hatten.

Wenn die Ferien aus einer Flugreise bestanden, ließen wir uns nicht lange bitten, dann waren wir dabei.

Die Vorstellung, dass wir uns im Urlaub langweilen könnten, war für uns und unsere Eltern furchtbar: Lieber ließen sie uns glücklich zu Hause.

Der Kühlschrank wurde immer leerer, er füllte sich blöderweise auch nicht von selbst. Und der Wäschekorb wurde immer voller: Verdutzt merkten wir, dass mit der Mutter auch die Hauswäscherei Urlaub hatte. Wir konnten längst eigene Videos drehen und ins Internet stellen – doch die meisten von uns waren mit dem Bedienen einer handelsüblichen Waschmaschine völlig überfordert.

Immer noch keine 18

Wir hatten unsere Last mit dem gefühlt ewigen Minderjährigsein. Manche unserer Freunde waren schon volljährig, feierten prächtige Partys und wurden in jede Disko und jeden Club gelassen – und wir waren immer noch diejenigen, die den Muttizettel brauchten, um abends vor die Tür gehen zu können. Der lustige Name hieß im Behördendeutsch rein gar nicht lustig „Erziehungsbeauftragung". Und die schrieb das Jugendschutzgesetz vor, damit ein volljähriger Mensch die Aufsicht über uns hatte. Als ob wir die gebraucht hätten! Die Vorlage war ärgerlich und nervig, aber bei Festivals, Konzerten und in Diskotheken für alle ab 16 Jahren

Unterwegs mit Freunden: Wir zogen gerne in der Gruppe los, um uns gut zu amüsieren.

nach 24 Uhr notwendig. Obgleich er völlig überflüssig war, denn es spielte wirklich keine Rolle, wer ihn unterschrieb. Das Ding war also eher ein Wisch als ein Dokument. Dennoch legten wir es brav vor. Der 18. Geburtstag musste ja irgendwann in ferner Zukunft kommen.

Geduld war gefragt. Wenn sie auch nur sehr schwer aufzubringen war.

Der Muttizettel machte es möglich, dass wir lange ausgingen: Damit hatte man die Lizenz zum Feiern in der Tasche.

Wir wussten wofür wir unser Geld ausgeben wollten:
für Smartphones, ohne die ging nichts mehr.

Jeder Geldschein ist willkommen

Das Taschengeld reichte nicht mehr: Diese Erfahrung machten wir alle gleichzeitig. Vielleicht lag es schlicht und ergreifend daran, dass unsere Ansprüche stiegen. Wir brauchten Geld, um gut auszusehen, um gut auszugehen, um gut ins Internet zu kommen. Wir waren auf Gedeih und Verderb auf die Großzügigkeit von Großeltern und Verwandten angewiesen, wenn wir das Pech hatten, keinen Ferienjob zu ergattern. Doch gleich, ob man im Supermarkt Regale einräumte, in der örtlichen Eisdiele bediente oder auch nur beim Nachbarn Rasen mähte. Das brachte zwar alles ein paar Mäuse, kostete aber auch wieder Zeit. Und die brauchten wir doch auch so dringend, um zu chillen, zu chatten, um auszugehen oder auch nur um auszuschlafen.

Europa ist das Ziel von Millionen Flüchtlingen

Das Jahr 2015 steht im Zeichen von Flucht und Vertreibung: Hunderttausende fliehen aus afrikanischen Ländern wie Syrien, Irak und Afghanistan vor Bürgerkrieg, Hunger und Armut nach Europa. Längst nicht alle Flüchtlinge kommen in Europa an. Ungezählte Menschen ertrinken im Mittelmeer oder ersticken in den Lastwagen der Schleuser. Die EU-Staaten stehen vor einer der größten Herausforderungen nach dem Zweiten Weltkrieg. In Deutschland werden Tausende Migranten in eilig errichteten Erstaufnahmeeinrichtungen und Notunterkünften untergebracht. Kanzlerin Angela Merkel reagiert auf den Flüchtlingsstrom mit einer ausgeprägten Willkommenskultur: „Wir schaffen das", so das Motto, das die Deutschen ermutigen soll, offen auf die Fremden zuzugehen. Viele Menschen aber reagieren mit Angst auf den Zustrom der Migranten: Vor allem in Ostdeutschland demonstriert die patriotische Pegida-Bewegung gegen die Aufnahme von Flüchtlingen, sie fordert eine klare Politik der Abschottung. Fremdenhasser legen Feuer in Erstaufnahmeeinrichtungen und Gemeinschaftsunterkünften – der Rassismus im bundesdeutschen Alltag nimmt schlagartig zu.

Jagd auf die Pokémons

Im Sommer 2016 spielte die ganze Welt verrückt: Die Menschheit ging auf die Jagd auf Taschenmonster. Und zwar an jeder Ecke und auf jedem Platz. Das Handyspiel Pokémon Go, bei dem virtuelle Monster an öffentlichen Orten lauern, brach alle bisherigen Rekorde der digitalen Welt. In Amerika hatte es nur 13 Stunden nach seiner Veröffentlichung alle Apple-Apps weit hinter sich gelassen – selbst Twitter. Der Reiz: Die Spieler sitzen nicht mehr drinnen am Rechner, sondern draußen in der echten Welt. Es ist die „Augmented Reality": Die Handy-Monster werden mittels Straßenkarten und GPS in die reale Welt eingeblendet, Fiktion und Realität vermischen sich. Ein riesiger Hype. Und die Jäger waren so derart in die Jagd vertieft, dass es nicht selten zu kuriosen Unfällen und Zusammenstößen zwischen Menschen und Fahrzeugen kam. In der echten Welt. Nicht in der virtuellen.

Dieses Spiel brachte uns wieder an die frische Luft: Pokémon Go!

Die Schule hatte uns noch fest in ihren Klauen.

Jeder will wissen, was Plan ist

Es war verrückt, aber die Unterhaltungen mit Erwachsenen drehten sich plötzlich nur noch um wenige Themen. Alle wollten wissen, was wir nach der Schule machen und einmal werden wollten. Tja, das war ein schwieriges Thema, denn das fragten wir uns ja auch. Doch die Bandbreite der Möglichkeiten war so riesig, dass die wenigsten einen festen Plan hatten. Das Leben nach der Schule war eben noch völlig abstrakt und gar nicht wirklich vorstellbar.

Vorstellbar war nur eines: Endlich den Führerschein in der Tasche zu haben, am besten noch

Es war nicht zum Aushalten, bis man endlich 18 wurde: Bis wir volljährig waren, durften wir nur fürs Foto allein ans Steuer.

mit 17. Endlich selbst am Steuer eines Autos sitzen und unabhängig von Mamas Taxi und öffentlichen Verkehrsmitteln sein. Wir büffelten also die Vorfahrtsregeln mit Fahrschul-Apps und fieberten der Prüfung entgegen. Doch selbst wenn wir die bestanden hatten, war es noch ein langer Weg bis zur ganz großen Freiheit: Noch bis zum 18. Geburtstag durften wir unsere Fahrkünste nie allein auf die Probe stellen, ein eingetragener erwachsener Beifahrer – meist ein Elternteil – musste auf dem Beifahrersitz hocken. Wir waren bereit, alleine mit dem Auto der Eltern durchzustarten und die Welt zu erkunden. Es fehlte nur noch der Tag, an dem wir volljährig wurden.

Der 18. Geburtstag oder das Maß aller Dinge

Um uns die Wartezeit auf die ersehnte Volljährigkeit zu verkürzen, nutzten wir die unendlich vielen Angebote des Internets: Wir schauten oft bei YouTube vorbei. Entweder um Spielfilme oder Serien wie „Breaking Bad", „The Walking Dead", „Pretty Little Liars", „Gossip Girl" oder „Game of Thrones" zu sehen, die wir uns aus dem Netz streamten. Oder wir schauten ein paar der Abermillionen Clips, die im Netz herumgeistern: Wir ließen uns dort Schminktipps geben, sahen anderen dabei zu, wie sie Videospiele spielten und die lustig kommentierten – es gab nichts, was nicht bei YouTube gezeigt, erklärt, erläutert wurde. Damit hätten wir Tage, wenn nicht gar Monate verbringen können – wenn wir nicht dauernd irgendetwas hätten lernen müssen.

Wir lernten viel bei YouTube, selbst Tanzschritte.

Endlich 18: Wir starteten mit viel Leichtigkeit in die große Welt.

Man hatte es als Jugendlicher wirklich nicht leicht. Als der Jahrgang vor uns seine Prüfungen machte, das Abitur ablegte, da wussten wir: „Nächstes Jahr sind wir dran." Wir lebten dieses Jahr intensiv. Das letzte als Schüler, für viele das letzte zu Hause, bevor sie in die Welt gingen. Wir wurden erwachsen.

Und plötzlich war es so weit: Wir hatten den Schulabschluss in der Tasche, uns endlich für ein FSJ, ein Auslandsjahr, eine Ausbildung oder einen Studiengang entschieden und merkten mit einem Male auch ein bisschen beklommen, dass der erste Abschnitt unseres Lebens tatsächlich schon vorbei war. Unsere Kindheit lag hinter uns. Und ein ganzes buntes, schönes, abwechslungsreiches Leben vor uns. Wie geil.

Hallo Welt, wir kommen: Wir wagten den Sprung ins neue Leben.

15. bis 18. Lebensjahr

Für alle ab 18

Unsere Jahrgangsbände gibt es für alle Jahrgänge ab 1921 bis zum aktuellen 18. Geburtstag, auch als DDR-Ausgabe.

Hol dir das Gefühl zurück!

Verschenken Sie eine multimediale Zeitreise in die Kindheit und Jugend!

Alle verfügbaren Bände finden Sie unter
www.wartberg-verlag.de

Wartberg-Verlag GmbH
Im Wiesental 1
34281 Gudensberg-Gleichen
Telefon: (0 56 03) 93 05 - 0
Telefax: (0 56 03) 93 05 - 28
E-Mail: info@wartberg-verlag.de
www.wartberg-verlag.de